# かくれキリシタン

## 長崎・五島・平戸・天草をめぐる旅

後藤真樹



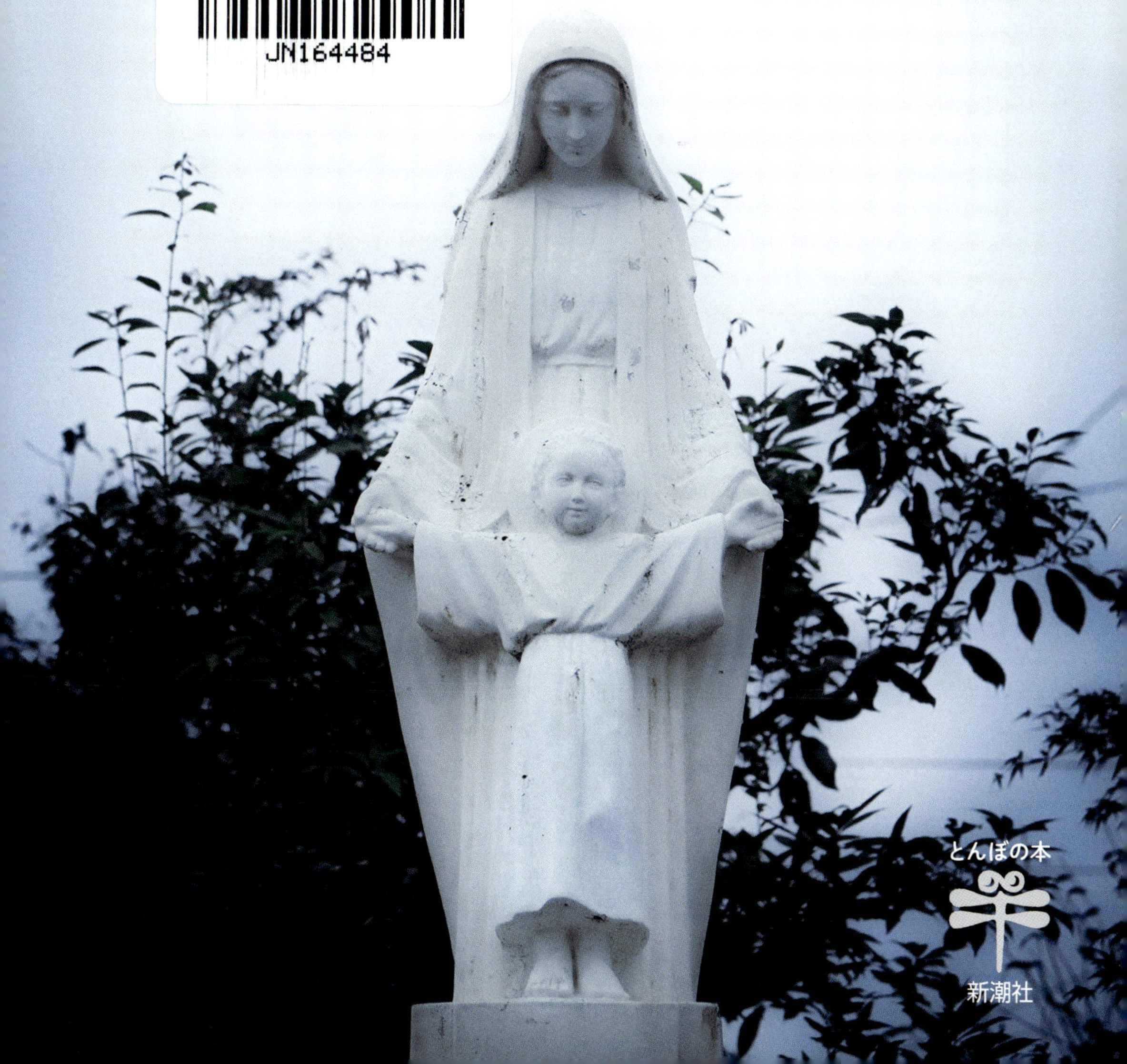

とんぼの本

新潮社

峠を越える途中、眼前に広がった集落。周囲を山々に閉ざされ、重々しい空の下で白い教会が映える光景は、教会と共に生きてきた人々の営みを想像させる。五島市・奈留島にて。

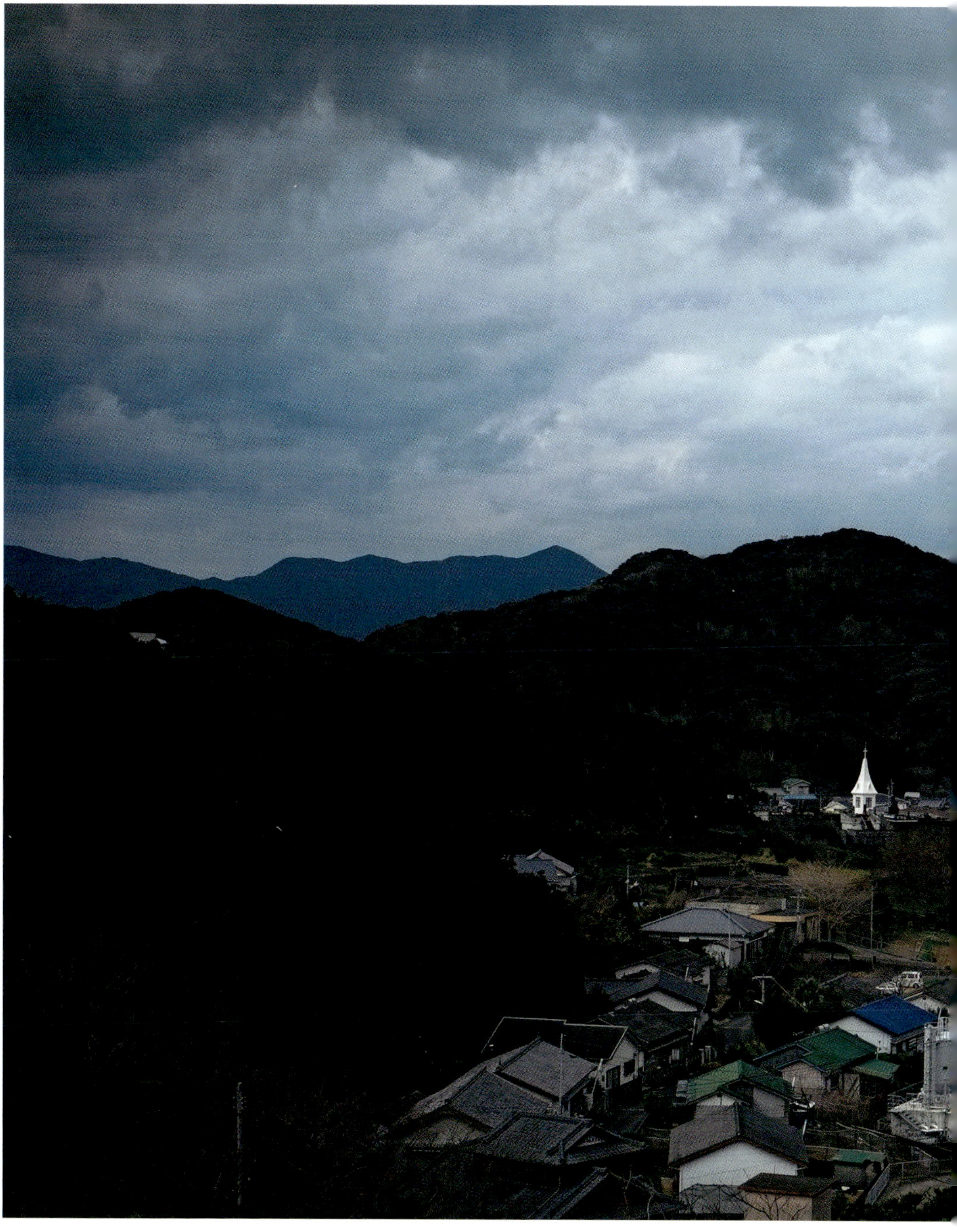

上／昭和の民家のようなお御堂。すべてがシンメトリックで美しい。ただ祭壇左右の引き戸は、一つは床からの反射光で明るく、もう片方は暗く、その対比が印象深かった。長崎市・外海の大野教会にて。
左頁／木造のマリア像。服のひだには柔らかく汚しが入れられて立体的であり、穏やかな色彩と柔らかな光がよく似合う。西洋的にも東洋的にも見えるお顔は優しさに溢れている。新上五島町・土井ノ浦教会にて。

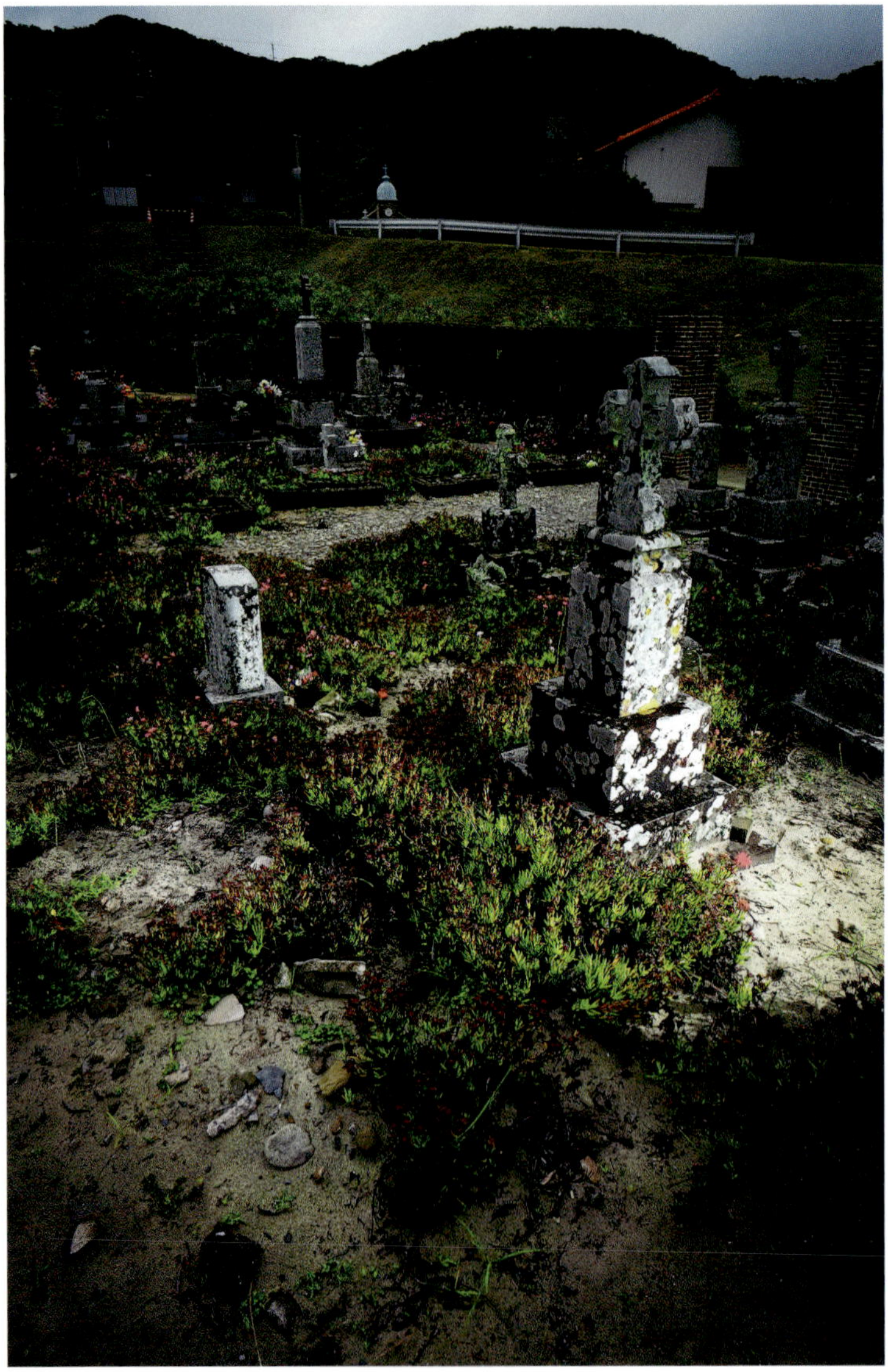

墓地越しに教会を望む。日暮れ時の静かな時間。近くの波音も何故か聞こえてこない。墓地に眠る方々の声を聞きたくて、祈りながら何度もシャッターを押した。新上五島町・頭ヶ島にて。

役目を終えた御像群。今はお御堂として使われていないお堂の片隅に置かれていた。傷つきボロボロのお姿が、逆に心の琴線に触れる。多くの祈りを受け止めた御像であろう。新上五島町・旧鯛ノ浦教会にて。

鐘楼と大天使聖ミカエル像。グイド・レーニの絵画を基に作られた像であろうか。無表情にサタンを踏みつける姿は、なんとも不思議な感じがした。新上五島町・青砂ヶ浦天主堂にて。

平戸市・宝亀教会にて。

## プロローグ

私の仕事場に何枚かの仏《ほとけ》を撮った写真乾板（写真フィルム以前に使われていたガラス製のモノクロネガ感光材料）があります。ガラスの上の薄い銀膜には、仏と対峙したレンズの結像が定着されています。その反転画像は、経年変化で生じた荒れで迫力が増し、そのまま光にかざして眺めると不思議な美しさがあります。それは過去に受けただろうたくさんの祈りが集合して現出した姿のように私には思えてしかたありません。もしかすると私が一心に祈る人の姿を通して感じとることのできる神の存在……つまり熱心とは言えない程度の、非特定宗教信仰者であることが原因なのかもしれません。

　私にとっては毎度のことですが、長崎のキリシタンを訪ねる旅の始まりも突然でした。それは民俗芸能を研究するある知人が五島列島、福江島のヘトマト（日本を代表する奇祭といわれています）の取材に行くという話を聞いた折りに、偶然、その年はタイミングよく生月《いきつき》のかくれキリシタンの祭が行われることを知り、セットで同行取材をしたのです（「偶然」は私にとって撮影の重要なファクターです）。

　ヘトマトは里帰りの一時帰島者も多く参加します。町を挙げての祭であって、たくさんの人々の触れ合いと笑いに溢れた祭でした。まずはお寺で祭りの安全祈願をし、神社でユーモア溢れた相撲を奉納し、墨で体を汚した男衆の真剣な綱引きと藁玉奪い、酒樽の上で行う新婚女性の羽根つき、そしてクライマックスへと怒濤の勢いで流れていく、そんな盛りだくさんなてんこもりの祭でした。一方、かくれキリシタンの祭は主導する神父役の唱える「オラショ」と数名の人たちのおごそかな深い祈りが粛々と続き、祈りのあとにはご馳走をいただきながら談笑もしましたが、派手さのない質素な祭で、そう、例えるなら法事に参列したような印象。もちろん、本質の違う二つの祭を比べることは意味の無いことです。ただ私は偶然二つの祭を連続して目にしたことで、かくれキリシタンの祈りの祭により強く惹かれたようです。若い頃読んでやるせない気持ちになった遠藤周作の小説が思いだされ、小説に描かれた世界から連綿と続いている「現在」の姿なのだという思いに駆られたのでした。

　本書はかくれキリシタンのご先祖をもち、現在もかくれキリシタンを続けられている方々や、現在はカトリック信徒や仏教徒になられている方々に取材をしたものです。伺った話はなるべく正確に、写真はその時の出会いの中で感じたものを大切に撮りました。

平戸・生月のダンジク様の祭にて。

# 目次


Ⅲ 平戸 歴史を刻むキリシタンの聖地……70

伝説に満ちる里、根獅子……72

布教当時の信仰を今に伝える島、生月……82

春日の集落と、聖なる山安満岳……84

Ⅰ 外海 “陸の孤島”に受け継がれた信仰……14

キリシタンを支えた伝説の伝道師……16

キリシタンの聖地、枯松神社……24

巡礼地としてよみがえった史跡……32

Ⅳ 天草 殉教の島に息づく信仰の証……86

大江・﨑津に受け継がれたもの……88

## Ⅴ 祈りの場、教会堂へ……96

**プロローグ……10**

**キリスト教の広まりと弾圧の歴史……62**

布教の背景……62
二十六聖人の殉教……64
島原・天草一揆……66
弾圧と「崩れ」……68
各地に残るキリシタン墓地……69

column **きりしたん・伝承**

潜伏キリシタンを守った天福寺……22
かくれキリシタンの帳方を継いで……31
かくれキリシタンの信仰の形……80
今富の正月飾り……95
信徒発見……112

**長崎・五島・平戸・天草**
**教会マップ……122**

**エピローグ……124**


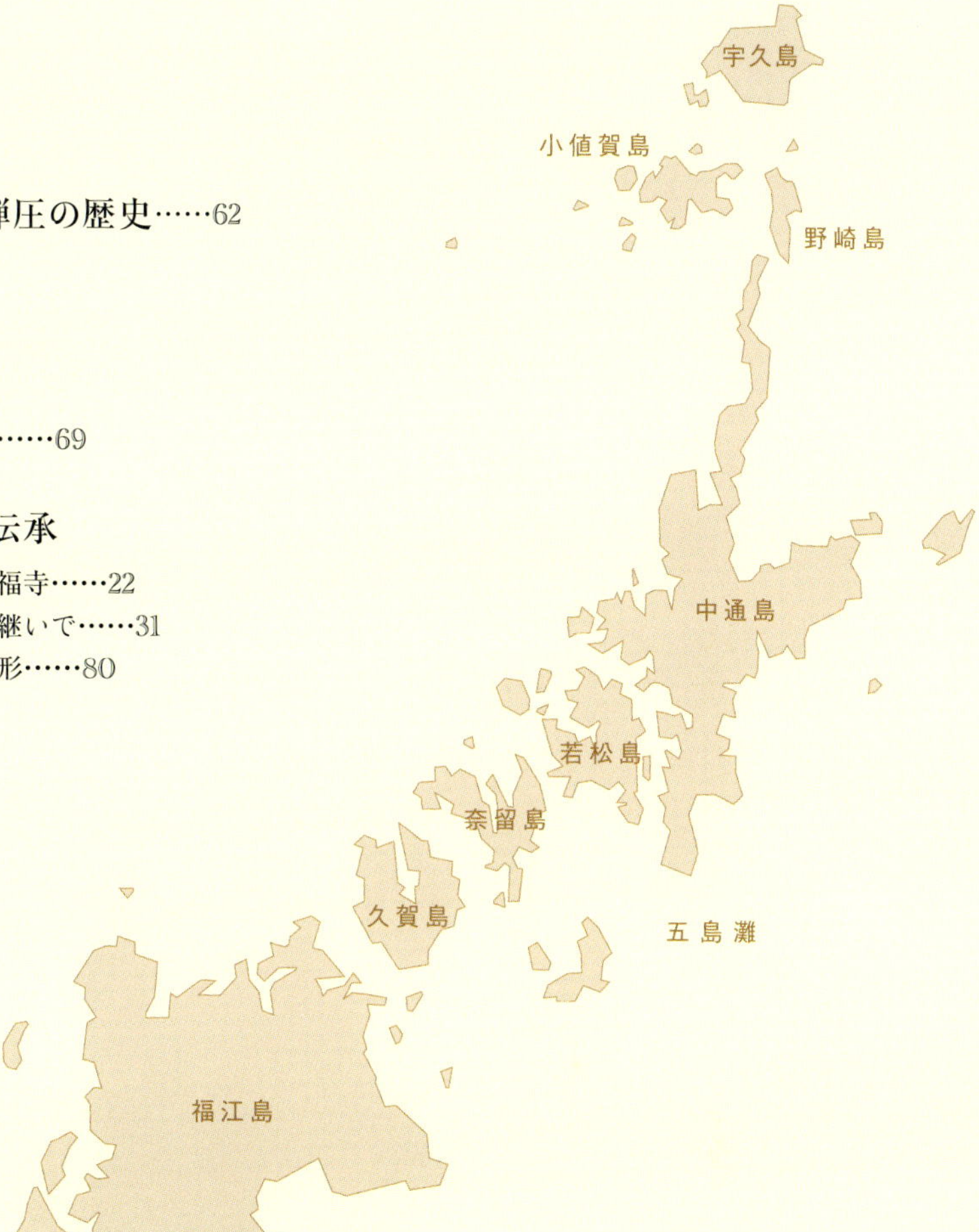



## Ⅱ 五島列島 海風吹きぬける島々に宿る篤い信仰……38

先祖の信仰を受け継ぐ人々……40
五島のかくれキリシタン……46
人がいなくなった島と教会……54


＊「潜伏キリシタン」と「かくれキリシタン」について

本文中では、江戸期の禁教時代に信仰を守っていた人々を「潜伏キリシタン」、禁教が解けた明治以降も信仰を継続していた人々を「かくれキリシタン」とし、禁教以前・禁教時代・禁教後を特定しない場合は「キリシタン」としています。なお、「かくれキリシタン」については「隠れキリシタン」「カクレキリシタン」と様々な表記があります。また地元では「ふる（旧または古）キリシタン」「昔キリシタン」などと地域によってその呼称も異なっています。

# I 外海

## 〝陸の孤島〟に受け継がれた信仰

長崎市内から車で約一時間。
はるか五島列島を望む角力《すもう》灘からの
心地よい海風を受けながら、
海岸沿いの国道２０２号線を
北上してゆくと、遠藤周作文学館が
海を見下ろすように建っている。
夕陽の美しいスポットとして
人気の道の駅もすぐそばだ。
迫りくる山と小さな入江に挟まれた集落には、
江戸の禁教時代の歴史が深く刻まれ、
日本のキリスト教布教の片鱗を
今に伝えてくれている。

夕陽が丘から角力灘に沈む夕陽を見る

## 山と海に挟まれた外海

外海《そとめ》は西彼杵《にしそのぎ》半島の南西部をしめる丘陵地で、険しい海岸線と迫る山の間の入江ごとに集落がある。明治中頃に県道ができたが、そのじゃり道が国道として整備されたのは一九七〇（昭和四十五）年のこと。それまでは隣の集落へもほとんどが海沿いを舟で行き来していたという。まさに陸の孤島だった。

日本で初めてキリシタン大名となった大村純忠《すみただ》は、一五七〇（元亀元）年にポルトガルとの貿易港として寒村にすぎなかった長崎に港を開き、のちにイエズス会に寄進する。そのころからこの外海地域にも宣教師の布教が行なわれ、純忠にならって全村改宗し、禁教の間も秘かに信仰を守り続けてきた。

現在はカトリック信徒、仏教徒などと信仰の道はそれぞれだが、先祖伝来の信仰を守り続けているかくれキリシタンの人たちもわずかながらいる。

「このあたりの人はかくれキリシタンとはいいません。だいたい〝ふる（旧または古）キリシタン〟といっています。かくれキリシタンというのは、研

# キリシタンを支えた伝説の伝道師

出津の集落と角力灘を望む。
中央に見えるのが出津教会。

究者や教会側の人たちがいった呼び方なんです」

　こう話してくれたのは、外海のキリシタンの歴史について調査をしている松川隆治さんだ。

「どうして信仰を守り続けられたのかというと、このあたりの地形も関係しているんではないでしょうか。隠れるには都合のよい場所だということがまずあります。それだけでなく、地形の関係で非常に貧しいところでもありました。水田は谷底に少しあるぐらいでほとんど米作はできず、斜面に作られた畑はサツマイモと麦ばかりです。それから海はあるんですが、港がないから漁業も発展しません。つまり経済的に苦しいから何か精神的なものが必要になりますよね。そうするとキリスト教は平等精神を説き、死後は楽園に行けると。今は貧しくて苦しいけれども、死んだら天国へ行ってキリストと共に裕福な生活ができると説いた。そういうものへの憧れもあって根づいていったんではないでしょうか」

　かつてここは大村藩の領地に佐賀鍋島藩の飛地が点在する所であった。幕府の禁教政策が強まると、大村藩では徹底した取り締まりが行なわれるようになり、多くのキリシタンたちが藩の目が届きにくい外海へ逃れてきた。古文書などの資料をあたっていると、大村の誰それが開拓した、などの記述も散見されるという。

　その後十八世紀末の五島藩への大移住の際に、外海の潜伏キリシタンたちは新天地を求めて次々と五島へ移っていった（41頁参照）。明治初期に教会へ復帰した時の五島各地の洗礼台帳には、祖父や祖母の出身地に黒崎や牧野《まきの》など外海の地名が多く見られるという。

## 信仰を支えた伝道師バスチャン

　この地域の人たちが禁教の中でも信仰を守ってこられたのは、立地の面だけでなくもう一つ、潜伏キリシタンたちの指導者的な役割を担っていた伝道師バスチャンの影響が相当大きかった。

　バスチャンは日本人伝道師で、枯松《かれまつ》神社に祀られた外国人宣教師のジワン神父の弟子として共に布教活動をしていた。鍋島領深堀平山郷布巻《ぬのまき》（現・長崎市布巻町）の生まれだと伝えられるが、本名など詳細は一切不明だ。バスチャンもジワン神父もここ外海では伝説の人である。

　バスチャンはジワン神父と別れたあと、秘かに潜伏キリシタンたちを指導した。黒崎の北、牧野の山中には、バスチャンが隠れ住んだといわれている場所があり、地域の人たちによって山道が整備され、往時をしのばせるように隠れ家が建てられている。

　バスチャンについてはいくつも語り継がれているものがあるが、中でもバスチャン暦と呼ばれる日繰《ひぐ》りは、潜伏して信仰を続けるキリシタンにとって重要な指標となっていたものだ。

　バスチャン暦は一六三四（寛永十一）年の教会暦を元にしたもので、潜伏キリシタンたちはそれに則って信仰を守ってきた。グレゴリオ暦（太陽暦）でできていた教会暦を当時の日本の陰暦に繰り直すことによって、神父がいなくても復活祭や祝日など聖なる日の日取りがわかり、規則正しい信仰生活を送ることが可能となる。それは、禁教が解けたあとも変わらず、今でもかくれキリシタンとしての日々の生活の規範となっている。

　カトリックの祝日にも労働をしては

いけない日などがあるが、かくれキリシタンたちはより厳しい掟を守ってきた。現在のカトリックと大きく異なるのは、聖なる日に「悪《わる》か日」と呼んでいる障りの日があることだ。たとえば、種をまいてはいけない日、肥料をまいてはいけない日、肉類を食べてはいけない日、針を持ってはいけない日、などなどいくつもの戒律がある。多い時は週に三日も農作業のできない時があったという。厳しすぎるからこれを緩めてくれという願いに対して、根幹が崩れるからと認められなかったために仏教に改宗した人もいたという。このバスチャン暦は外海地域だけではなく、外海から多くのキリシタンが渡っていった五島でも継承されている。

「バスチャン暦に則って信仰生活を送ることができたということは、潜伏キリシタンたちの大きな支えになったのだと思います。

もう一つ、この地域に伝わっているバスチャンの四つの予言があります。それは、今は厳しい時代だけれども、耐えているうちに神父がやってきて毎週でも告解(罪の赦《ゆる》しの秘跡)ができるようになる。キリシタンの歌も堂々と歌っていい、街で歌って歩いてもいい、街を歩いていたら異教徒のほうが道を譲る、そんな時代がくると。それはいつまで待つのかといったら、孫子七代までだと。それを信じて二百五十年間待っていたら、ほんとうに七代目に大浦天主堂(長崎)からプチジャン神父が来たのです。それで神父が来たら今度はキリシタンの時代になると早合点してしまったんです。もうブレーキがきかない。そこから崩れ(潜伏キリシタンの集団での発覚と弾圧)といわれる迫害やいろいろな騒動が起こるのです」

一八六五(元治二)年に大浦天主堂が祝別されると、それまで秘かに潜伏していたキリシタンたちは、噂を聞きつけてこぞって大浦をめざした。神父に信仰を明かした、いわゆる信徒発見(112頁参照)の年である。

まさにバスチャンの予言どおり、七代待って、神父がやってきたのだ。彼らの喜びはいかほどのものだっただろうか。明治になって教会への復帰に結びついたのもバスチャンの暦や予言があったからこそだと松川さんはいう。

「バスチャン暦に則って信仰し、予言も信じてきた人たちは、ずっと耐えて待ち続けて来るべき時が来た、という思いが強かったに違いないんです」

バスチャン屋敷跡。

## 信仰を分かつもの

まだ禁教が解ける前にもかかわらず、潜伏キリシタンたちがとったあからさまな行動は、その後のカトリックへの復帰の道を分かつ要因ともなった。一八六七（慶応三）年に出津《しつ》で起きた野中騒動もその一つだ。

出津は鍋島領で当時二百六十戸あり、一人の医者を除いて全員がキリシタンであった。大浦天主堂での信徒発見から半年たった九月のある日、プチジャン神父が役人の目を盗んで出津にやってきた。神父を迎えて浮き足立った人々は、昼間から堂々と宗教活動をやりはじめた。未だ禁教令の続く中なので、同じキリシタンであった庄屋は役人に発覚するのを恐れ、内々で協議した。そこで彼らが大切に隠し持っている聖画を没収してしまえば、はやる気持ちもいくらか収まるのではないかという結論にいたる。没収されたのはバスチャン重蔵が所持していた聖画「ロザリオの十五玄義」とトマス治六が所持していた聖画「聖ミカエル」。

庄屋たちは二人の留守中に聖画を持ち出してしまう。なくなったことに気づいた二人は、あわてて大浦のプチジャン神父のところへ村人を相談にやった。「騒がずに放っておきなさい」という神父の返事をもって帰途についたが、大雨で浦上《うらかみ》川が溢れていて帰りついたのが一日遅れたために、大きな騒ぎとなってしまったのだ。

「殺し合いまでには至っていないんですが、出津の野中にある村役人の家で刀を抜いたの抜かないのと木刀で殴り合ったりしているんです。庄屋たちもこれはまずいと、次の日に絵は返したらしいのですが、この時の対立がずっと残って、一八七三（明治六）年に禁教令の高札が降ろされたあとも、庄屋のグループは教会に復帰することができなかったんです。彼らはそれまでどおり潜伏した状態を続けることになり、それがかくれキリシタンとして今につながるのです」

この騒ぎをきっかけに、教会に復帰する人たち、復帰しないで旧来の信仰を続ける人たちの二派に分裂し、その時の対立はしこりとなって後々の代までずっと根強く残ることになったという。七代手をたずさえて耐えてきた人たちなのに、なんという悲劇だろうか。

松川さんは続けた。

「もしも神父が来た時に信教の自由が確立していたとしたら、この地域の人たちはみんなカトリックになっていたんではないかと思います。禁教令があったために、その取り締まりの中で対立ができて分かれていったんです」

禁教が解けたあとの一八七九（明治十二）年、出津にはド・ロ神父が赴任し、この地で献身的な布教活動をしている（114～115頁参照）。

また、明治憲法ができた頃から、寺請制度でしばられていた潜伏キリシタンたちの中には、もう信教の自由になったのだからお寺に属さなくてもいいのではと寺離れをする人たちもいた。これも地域を分かつ一因となった。

「寺の檀家をやめると、その人たちは村八分にされる。寺から離れることによって集団から分離することになります。自分たちのみで生活していくことになって、かくれキリシタンとしてその後生きてきたということです。その流れの人たちが今も続いています。現在約五十戸ほどじゃないかと思うんですが、正確なところはわかりません」

一方では、率先して教会に復帰して

集落から村八分にされてしまった地域もあった。大野教会のあたりは集落としては百五十軒ぐらいあるが、その中で教会に復帰したのは神浦《こうのうら》まで含めてたったの二十六軒。あとは全部かくれキリシタンだったそうだ。

「復帰に名のりをあげると生きていけないんです。井戸を使わせせない、共同墓地を使わせない、共同の仕事でも中に入れないなど、締めつけをしたんです。中には移住までして教会に復帰した人もいました。大野には今はもう組織はなく、みな仏教徒になっていますが、戦時中までは自分たちはかくれキリシタンだといっていました」

## 聖地、赤岳

黒崎よりも長崎市内寄りに位置する樫山《かしやま》には、外海や浦上のキリシタンたちが聖地として崇めていた赤岳がある。赤岳の東側は赤い岩肌がむき出しになった断崖、西側の麓には潜伏キリシタンと縁の深い天福寺（22〜23頁参照）がある。赤岳に三度お詣りすればローマのサンタ・エケレジア（聖なる教会）に一度詣でたことになると言い伝えられ、キリシタンたちから神山とも呼ばれて崇敬されてきたところだ。

この樫山には二つの伝説がある。

一つは前出の伝道師バスチャンにまつわる話で、バスチャンが赤岳のふもとにある椿の木の幹に指先で十字を切ったところ、十字の印が木に残ったという。以来、キリシタンたちはこの木を大切に守ってきた。ところが一八五六（安政三）年の浦上三番崩れの際、浦上のキリシタンたちが探索を逃れるために御像やメダイ（聖母マリアやキリスト、聖人などが刻まれたメダル）などを預けていた東樫山のキリシタン、ペトロ茂重《もじゅう》が捕まって拷問を受けるという事態になった。この時役人が赤岳の森を伐採するという噂がたったため、自分たちの手でこの椿を切り倒し、その木の断片を家々に配り、信仰の証として大切にした。死者を弔う時には、小さく刻んだ木片を白い布に包んで「おみやげ」として死者に持たせたという。

もう一つの伝説は、七人の殉教者が祀られていたという話だ。この山には昔から崇敬されてきた一本松という大木があった。神浦から船出したジワン神父は遭難してこの浜に流れ着き、一本松のところで休んだ。この時に海で死んだ七人の弟子を弔うため、ジワン神父は村人に頼んで塚を築いたといわれている。今そこには皇太神宮が建っているが、その昔はこの七人の塚を守る弁財天を祀ってあったそうだ。しかし弁財天はキリシタンと関係があるということで領主に没収され、その後役人たちによって天照大神が祀られたという。

「このお宮に詣るのは天のデウス様に祈り、二番目には七つの塚の善人様の霊をとむらい申すためであります」とキリシタン研究者の片岡弥吉は、当時の授け役（水方《みずかた》ともいう。洗礼などを授ける役）の人の話を記録している（『かくれキリシタン　歴史と民俗』）。

この神社の前の道を先に進むと、次第に赤岳の深い森の中へ入って行く。鬱蒼と繁る森の中、点々と墓があった。荒れた姿をさらしたものが多い。一族の墓だろうか、低い塀で囲まれた家のような墓や祠の形をした墓などもある。森の湿気と共に暗澹とした気が漂う。さらに奥に進むと、墓と思われる四角い自然石がいくつも無秩序に並んでい

赤岳の山中にあるペトロ茂重の墓。

樫山の皇太神宮。

た。その一角に色とりどりの造花で飾られた墓がある。墓石にはペトロ茂重と刻まれていた。キリシタンたちの証を預かって隠したがために拷問を受けて牢死し、ここ赤岳の山中に葬られたのだ。今でもなお人々から讃えられ、殉教者として慰霊祭なども行なわれている。

だが周囲には無縁になってしまったのか、荒れ果てた墓も多い。聖地である一帯は木漏れ日の中、静けさに包まれていた。

## 消えゆくかくれキリシタンの信仰

外海地域は脈々と受け継がれたキリシタンの信仰の様々な断片を今に残すきわめて稀な所だ。しかし時代と共に、かくれキリシタンの後継者は次第にいなくなり、組織は次々に消滅していった。今やその信仰を記憶に残す人たちも高齢になってきている。多くは語らないが、教会に通う人も、お寺で手を合わせる人も、みなの心の中にはまるでついこの間のことのように、様々な伝説や父母、祖父母の話などがたしかに息づいているようだ。

今でも家の改築や解体などをすると、十字架をはじめとするキリシタンの信仰の証である遺物が屋根裏や壁の中から出てくることも度々あるという。

これら外海のキリシタンの歴史を伝える物的資料の一部は、資料館や研究者の手によって保管されているが、過去には様々な理由で分散してしまったものもある。その由来や来歴も時の流れと共にわからなくなってしまっているものも多いという。中には浦上四番崩れで没収され、国の重要文化財になっているものとまったく同じ遺物もあるというから、かなり資料的価値の高いものも多数存在するのだろう。また、バスチャンが死の直前に役人に頼んで出津の者に届けさせたという十字架（バスチャンの十字架）や、野中騒動の時の聖画なども、まだ外海のどこかで大切に守られているのではないかという話もある。それらが表に出てくることがいつの日かあるのだろうかと思いつつも、ふと、そのまま静かに時を重ねていって欲しいような思いにとらわれた。

# 潜伏キリシタンを守った天福寺

天福寺。門前に大村藩と鍋島藩の境石が残る。

樫山は中央の道を挟んで東は鍋島藩、西は大村藩に分かれ、東樫山はかくれキリシタンの里であった。この地区では誰一人カトリックに復帰するものはなく、かくれキリシタンとして先祖代々の信仰を守り続けた。寺請制度のもとでの檀那寺である天福寺は、潜伏キリシタンたちを守ったとして外海周辺の人々から厚い信頼を得、この寺を大事に思う気持ちは時代を越えて受け継がれてきた。

天福寺は一六八八（元禄元）年に鍋島藩によって創建された。塩屋秀見住職は次のように話してくれた。

「この寺の成り立ちが仏教を普及するためではなくて、潜伏していたキリシタンたちをかくまうためだったのです。この寺の出発点はそこなんです」

鍋島藩は大村藩に比べて取り締まりも緩やかだったとはいえ、キリシタンを監視する必要もあったと思うが、天福寺は「ここの檀家にキリシタンはいない」といって潜伏キリシタンたちを庇護してきた。だから、自分たちの信仰を秘かに守り抜いてきたキリシタンたちは、先祖の位牌や仏壇、神棚などを破棄してしまうカトリックに復帰することには心情的な抵抗があったのではないかと思われる。

明治になって信教の自由が認められると、カトリックに復帰する人や檀家をやめる寺離れもあり、檀家数も減っていったそうだ。しかしその後、かくれキリシタンの組織が解散したために仏教に帰依する人たちもあり、再び檀家数も増えていった。

また、一九七九（昭和五十四）年に本堂を建て替えた時には、寺の檀家だけではなく、カトリックの信徒たちも寄付を集めて寄進したそうだ。

「カトリックの方たちにお願いしたわけではありません。どうしてご寄付をいただけるのかとお尋ねしたら、先祖が潜伏時代に迫害を受けずに信仰を守ることができたので、そのお礼の気持ちです、とおっしゃるので、ありがたくお受けした次第です」

塩屋住職から、全国に潜伏キリシタンは存在していたが、檀家となりながらも信仰を守り続けられた寺のそのほとんどが禅宗なのだという話を伺った。

「それは、禅の考え方によるものです。たとえば浄土宗系だと、阿弥陀様しか認めないのです。阿弥陀様だけが信仰の対象です。でも禅宗の場合は、基本はお釈迦様ですが、お寺を開いた時の和尚さんが、たとえば阿弥陀様を信仰していれば阿弥陀様がご本尊となり、観音様であれば観音様がご本尊になったりと、幅が広いのです。つまり、日本人の宗教観とか自然観というのは、一つではなくていろいろあっていいのじゃないかという考え方ですね。それぞれが信仰すればいいのじゃないかと。そういう考え方だからこそ、禅宗のお寺はキリシタンたちを受け入れることができたのではないかと思います」

この天福寺には、かつて潜伏キリシタンから預けられたとされるマリア像が今でも本堂奥のめだたない所に安置されている。

「マリア観音はよく底など見えない所に十字を切ったりしてありますが、ずいぶん探しましたけど、どこにもありません。この観音様をどうしてマリア様に見立てたかというと、お姿がそっくりなんですね」

たしかに少し首をかしげて下を向いた姿が、マリア様を思わせるようでもある。

このマリア像を預けたのは、樫山のキリシタンではなく、浦上のキリシタンだった。一八五六（安政三）年に浦上で密告によるキリシタンの捕縛（浦上三番崩れ）が起きるが、その時に没収されないようにと天福寺に預けたものだと伝えられている。樫山の赤岳は潜伏キリシタンたちの聖地だった（20頁参照）。浦上のキリシタンたちは西に位置する岩屋山に登り、三度岩屋山から樫山に向けてお祈りすれば一度赤岳にお詣りしたことになるとして祈り続けていたという。そして、その祈りにすがるように、マリア像をここ天福寺に託したのだろう。

塩屋住職が中学生ぐらいの頃まで、お盆の十五日の夜に人々が集ってこのマリア像を祀り、念仏を唱える会合があったという。いわゆる六斎念仏（主に盂蘭盆の行事として行なわれる念仏）のようなものだが、女性を除いて男性だけで行なっていたそうだ。そもそも禅宗の一派である曹洞宗の天福寺は、念仏は唱えない。だから当然これはお寺の行事ではなかったのだろう。そこで唱えられていたものがなんであったのか、住職も子どもの時のことで詳しくはわからないという。彼らは毎夏何を祈っていたのだろうか。マリア像には深い祈りの声が染み付いているようだ。

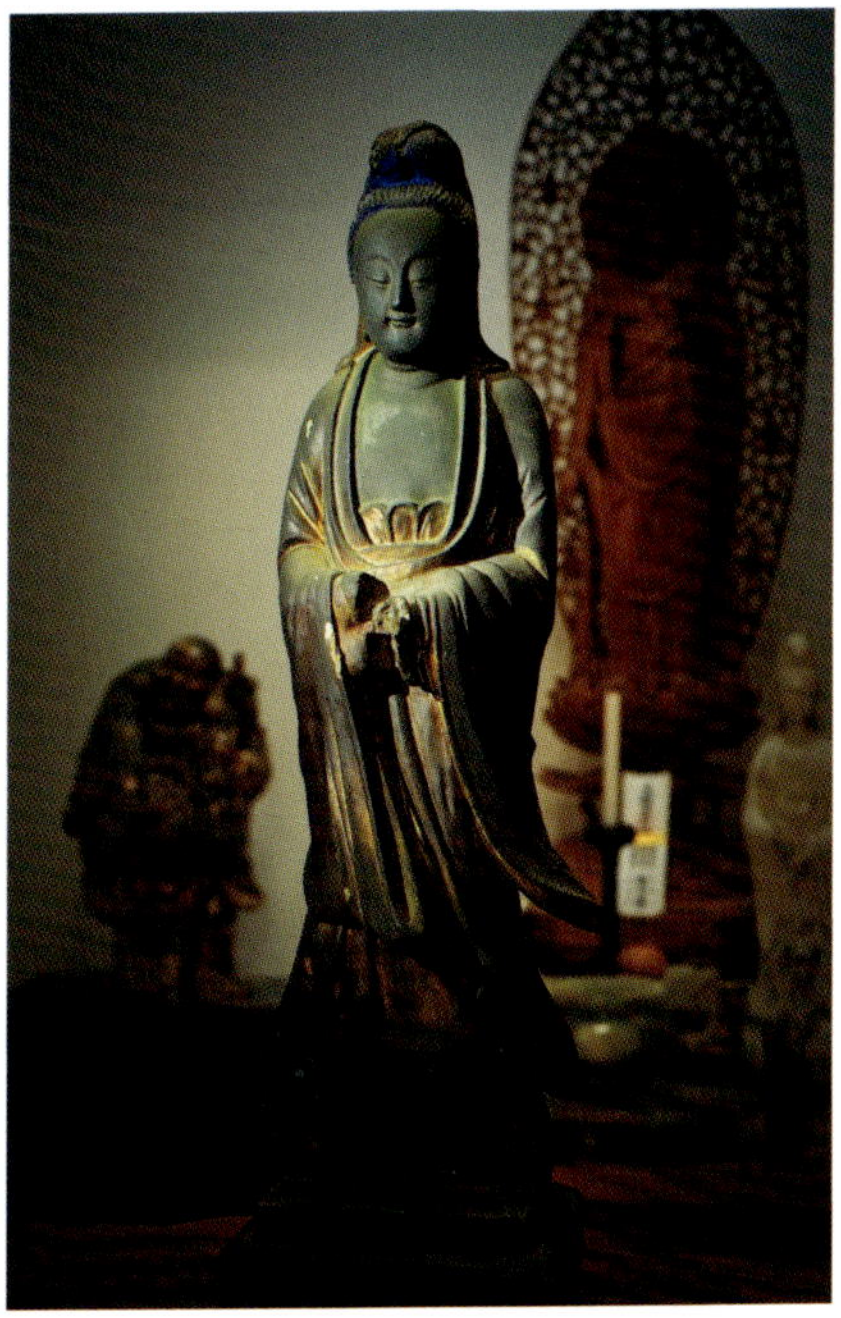

浦上のキリシタンが預けたとされるマリア像。

地元のキリシタンが持っていた遺物なども展示されている。

# キリシタンの聖地
# 枯松神社

## キリシタンを祀る神社

遠藤周作の小説『沈黙』は、何ともやるせなく、不可解な印象だった。その舞台トモギ村のモデルとなったのが外海の黒崎あたりだ。日々敬虔な信徒たちが祈りをささげる黒崎教会からほど近い山中に、キリシタンを祀る神社がある。

枯松はここの地名で、「枯松神社」と呼ばれているが、神社としては登録されていない。一九一四（大正三）年に「サン・ジワン枯松神社」と刻んだ石の祠が奉納され、以来広く枯松神社と呼びならわされてきた。

国道をはずれて少し行くと小さな案内板が立っている。手入れの行き届いた山道を二百メートルほど登ったところにそのお堂はあった。神社と呼びながらも鳥居はなく、中には線香が置いてある。一瞬どうやってお参りするのか戸惑う。

「地元の人は神社という言葉をほとんど使っていません。『枯松さん』とか『ジワンさん』とか、そういう言い方で呼んでいます」

そう松川さんが説明してくれた。

「枯松さん」はこの地の人たちが崇敬し、心の拠り所として四百年もの間守り継いできたところ。じつは禁教時代に秘かに活動した外国人宣教師、ジワン神父の墓の上に建てられているという。かつては大きな二本の松の木の下に墓石があり、その上に小さな祠がのっていただけだったそうだが、昭和十三年にお堂が建てられた。現在の建物は、老朽化が進んだため平成十五年に当時の姿のままに再建されたものだ。

「ジワン神父がいたといわれているのは、この先の谷底です。そのすぐ近くに炭焼き小屋があるんですが、遠藤周作はその炭焼き小屋を連想しながら小説を書いたといわれています。小説の中で役人などが山を探索する光景もこのあたりが中心だということです」

## ジワン神父

枯松神社に祀られているジワン神父は、この外海地域に最も影響を与えた日本人伝道師バスチャン（17頁参照）に宗教的な指導をした宣教師であった。

ジワン神父の経歴などはよくわかっていないようだが、幕府による禁教が始まった頃、バスチャンと共に秘かに西彼杵半島を布教して回ったといわれている。そして枯松から八キロほど離れた神浦の「落人の水」というところで二人は別れ、その後ジワン神父はここ枯松の谷底の岩に身を隠しながら地域の住民の指導をしていた。

上黒崎村のおえんという人が、食料を運ぶなどジワン神父の世話をしていたそうだが、ある冬のこと、積雪が深くて食料を運ぶことができなかった。三日後にようやく辿り着いた時には、すでに神父は飢えと寒さで亡くなっていたという。その谷底に埋葬しようとした村人は、神父が生前「自分の目の届く範囲でみなの安全を守る」といっていたことを思い出し、みなが見えるようにと山の上に墓を作ったと語り継がれている。

その後、この墓所は潜伏キリシタンたちの聖地として祈りの場所となり、少し離れた大野や三重のあたりからもお参りに来たという。そしていつからか、漁師たちは漁に出る時は必ずこの枯松神社に参拝して航海の安全と大漁を祈願し、戦時中は召集令状が来ると出征前に参拝し、帰還後にはまたお礼

右頁／枯松神社

枯松神社の周囲に残る墓。お参りをする時には、墓の上に白い石で十字を作る。

参りをするようなところとなっていった。お堂の中には幟や日の丸の旗などがいくつか置いてあり、その名残を伝えている。

## 祈りの岩とキリシタンの墓地

枯松神社へ登る道の途中に「祈りの岩」と呼ばれている巨岩がある。

「潜伏時代、この大きな岩の下でオラショ（祈りの言葉）の練習をしたんです。もう一つ同じような形の岩が向こうにもあるので、たぶん両方に分かれたんではないかと思います。声に出してオラショを唱えることはできないので、夜、人里離れたこの場所へ来て、指導者が口伝えで教えたんです」

禁教下の二百五十年間、潜伏していたキリシタンたちは、二月から三月の「悲しみ節」（＊1）の四十六日間の夜、この岩陰で秘かにオラショを習った。その後も昭和初期ぐらいまではずっと変らず、同じようにここでオラショを習っていたのだという。岩の下には大人でも数名は隠れることができるほどの隙間がある。

「最近気づいたんですが、黒崎のオラショはラテン語がきれいです。なぜかというと、神父が教会へ復帰させようと、常に働きかけていたからなんです。あなたのオラショではこういっているけども、ほんとうはこうなんですよと、ラテン語の標準的な表記を印刷して配っているんです。それで、方言やなまりや聞き違えで変化してきたものが、ああ、そうか、こういっているのか、このほうがわかりやすい、と受け入れてきて、ラテン語の標準的な言葉に戻ってきているんだと思います」

たしかに最初は宣教師が伝えた言葉をそのまま唱えていても、意味もわからず唱えているので何をいっているのかわからなくなり、口伝えで継承しているうちにますます意味をなさない形になってしまうことは想像に難くない。

「あるところのオラショでは、野菜の名前を並べていたりしています。なんで祈りに野菜なんだって聞いても、いや、自分たちのはこうなっていると。そう伝えられてきたからと」

だからオラショの言葉は、地域によってそれぞれ違う。明治以降、信教の自由が認められてから、ノートなどに書いたものが残っている。そういうも

＊1：カトリックの四旬節のこと。復活祭の46日前の水曜日から復活祭の前日までの期間。

祈りの岩。夜半この下で秘かに祈りの言葉、オラショの伝承が行なわれた。

のを見比べてみると、黒崎のあたりはずいぶん標準的なラテン語に近いらしい。五島とか樫山とかのオラショのほうが、より潜伏期の古い言い回しを継承しているのだそうだ。

枯松神社のお堂の少し下に、墓と思われる大きな石がいくつかあった。

「ここ一帯は全部墓地だったんです。みんな聖地の周辺にお墓を作りたいじゃないですか。でも禁教時代は自分たちの墓がばれたらジワン神父の墓も壊されてしまうので作ることはできませんでした。明治二十二年公布の憲法で信教の自由が保障されたあとは、もう墓を壊されることもないだろうということでこの周辺に墓地を作ったんです。今は下のほうに移しましたが、ほとんど所有者不明です。無縁墓地ですね。明治二十二年以後のことだから、調べればわかるんでしょうけども」

キリシタンの墓なので寝棺で埋葬される伸展葬だ。亡骸は木棺に入れて埋められ、その上に墓を示す石を寝かせて置く。自然石が無造作に置かれているので、いわれなければ墓とは気がつかない。

墓には当然墓碑銘もなく、お参りをする時には、墓石の上に白い小石を並べて十字を作り、祈りをあげたあとは崩してしまう。

「これは禁教時代の名残なんだろうと思います。中には墓石の脇にちょっと穴を掘って白い石を隠しているお墓もありました」

このあたりの海岸には白い石が多かったそうだ。昔は遠洋漁業に行くとか、都会に働きに出るとか、そういう時には神社に置かれている石を持ち帰りお祀りしていたという。古来、日本人は石に神聖を感じとって祀ってきた民族だが、白い小石のクロスは、素朴で美しく、崩されるさまにドキリとした。

現在は枯松神社から少し下った東側に墓地がある。一見、普通のお墓の形態だが、埋葬者の名前がカタカナで記されたものと漢字の戒名とが入り交じっている。

「ここは全部、元かくれキリシタンの墓地です。今は仏教徒になっていますから仏教式ですけど。でも名前にカタカナと漢字が両方あるのは独特でしょう。かくれキリシタンは子どもの頃に水方から授けられた洗礼名が墓地に刻まれるんです。昭和五十年頃まではかくれキリシタンとして葬式をしていました。その後、組織が解散してみなお寺の檀家になりましたから、そうすると漢字で戒名を刻むことになります。昭和五十七年に墓地を移すことになり、その時に戒名をつけたい人は無料でつけますよという住職の厚意もあり、これからはお寺さんの世話になるからということでつけてもらった人が多いんです」

その時は八十軒ぐらいが樫山にある天福寺（22〜23頁参照）に集団改宗したのだそうだ。

「自分たちの祖先は天福寺に守ってもらったんだから、寺離れでお寺がつぶれると申し訳ないという思いがあったんだろうと思います。仏教徒になって特に熱心にやるわけでもなく、ただ維持費を納める程度ではあっても、天福寺があったから残ったんだという気持ちがあって、このあたりの人たちは教会に復帰するのではなくお寺の檀家になったんでしょう」

## かくれキリシタンの家に生まれて

松川さんは、ご自身もかくれキリシタンの家に生まれ、幼児洗礼を受けている。ただ、子どもの頃に父親が戦死したこともあり、父親から話を聞いたことはほとんどないという。小学校に上がるまでは母親の実家に疎開していたが、戦争が終って戻ってきた。それから一年ほどして祖父も亡くなったので、家で信仰していたことを習う時間もなかったし、かくれキリシタンの組織の中で生活はしていても、子どもだったので積極的に中に入って参加することもなかった。

「ただ、よく母親の実家に手伝いに行ったんですが、その行き帰りに歩きながら母親からオラショを覚えさせられました。だから、今でも少しは覚えていますよ。中学を卒業してここを出てしまい、その間に指導者も亡くなってしまいました。それで組織は消滅してしまいました。それで葬式もできないから仏教徒になると母親がいうので、今は天福寺の檀家です。なんとなくですが心情的には本来ならば教会に復帰すべきだったんじゃないかなという気はしています。洗礼はかくれキリシタンでしてますし、根っこは一つという考えです。でも、家のみながそれでいいのならば、と。『家の宗教』という感覚でしょうか」

　今の六十、七十歳以上の人たちの子ども時代は、このあたりはほとんどがかくれキリシタンだった。それが次第に後継者がいなくなって組織が消えていった。

「ここらも高度経済成長期に若い人が働きに出ていくようになりました。長男など一家の中心となる人が残って百姓しながら細々と暮らしていたけれども、それもテレビやら何やらが必要な物質文明になると、現金がないと生活できないようになります。それで残っていた人も都会に働きに出てしまい、帳方《ちょうかた》（キリシタンの組織の長。行事などでオラショを上げる）の見習いをする人もいなくなったんです。年配の人だけであとを継ぐ人がいないので、組織も自然につぶれてしまいます。帳方がいないと何が一番困るかというと、葬式をする人がいないということです。そうなると、教会にいくか、お寺にいくかなんですが、じつはその時教会にいった人はわずかで、ほとんどが仏教徒になりました。特に昭和の終り頃にはこの枯松さんのある松本地区ではみな仏教徒となりました」

枯松神社のお堂の中に安置された祠。

　現在、外海にはかくれキリシタンの組織は黒崎、出津の二グループが存続しているそうだ。しかし、宗教なので見せ物じゃないという気持ちが強く、儀式などを公に人に見せることはない。

「少しでも記録として残しておきたいなとは思っているのですが、なかなか難しいですね」

　今の組織では、帳方、水方、触役の三役（＊2）はほとんど一人で兼任している。若い人はあまり関心もなく、最近は洗礼もないとのことだ。

### 枯松神社祭

　明るい日差しが木々の合間から差し込む初秋の一日だった。枯松神社の山では翌月の枯松神社祭に備えて数名の地元の人たちが、草を刈ったり、枝をはらったりと周辺の手入れにいそしんでいた。昔は薪用の柴を刈りにきたりしていたので、手入れが行き届いていたが、今では薪など使う人もいない。ほうっておくとどんどん荒れてしまう。全国各地の山と同じく、ここもご多分に漏れず里山としての機能を果たさな

＊2：かくれキリシタンの組織は、各地域、各組織によって形態も様々で、役職の呼称なども異なる。組織を取りまとめる帳方、御爺役、親父役などのほか、洗礼等を司る水方または水の役、信者との連絡などをする役中、下役、触役、聞役などの三役が中心となる。

くなって久しい。現在はここの保存会の人たちが史跡を守るために手入れを続けている。今は仏教徒やカトリックの信徒になっている人も多いが、元々はかくれキリシタンの家で生まれ育った方たちだ。手を動かしながら、子どもの頃のことや帳方や水方の誰それが云々と、まるでつい先日のことのように話の端々に出てくるのが感慨深い。

　枯松神社祭は毎年十一月初めに執り行なわれている。その日、カトリックの教会の祈りとかくれキリシタンのオラショがまさに〝一堂に会する〟のだ。

　枯松神社祭は、一九九八（平成十）年に黒崎教会に赴任してきた野下《のした》千年《ちとし》神父が、地元の人たちの中に何か深いわだかまりがあるのを見て、なんとかその心の溝を埋めなければと思ったのが始まりだそうだ。当初は、枯松さんは自分たちの神社だ、なんでカトリックへ分裂していった人たちを入れるんだという抵抗もあったという。しかし、徐々に賛同が得られるようになり、二〇〇〇年十一月五日に最初の枯松神社祭の式典が執り行なわれ、以後、かくれキリシタン、黒崎教会、天福寺の檀家として枯松神社を守っている人たちの三者によって開催され続けている。

「私が定年退職して外海に戻ってきたのが、二回目の神社祭の時です。その頃に帳方の方が亡くなって、まとめ役の後継者を探していたんです。それで神社を継いでくれと。でも、私はかくれキリシタンはやめて今は仏教徒になっているから、かくれの復活はできんぞといって最初は断っていたんですが、宗教としての復活はできないけれども、先祖が祀っていたものを子どもたちに継承することはやらなくてはいけないのではと思い直しました。地域の文化として守っていく、そういう活動でよければと、引き受け、保存会を作ったんです」

　松川さんが神社を受け継いでからも、神社祭の開催にはいろいろと苦労もあったようだ。かくれキリシタンは本来祈りの言葉を声に出すことはない。だからオラショを人前で声に出すことに抵抗もあるという。

「生きた宗教ですから、それを外からああだこうだということはできませんよね。彼らの宗教ですし、生きざまですから。それは大事にしていかなくてはならんと思いますし」

枯松神社祭に備えて掃除をする保存会の人たち。

　松川さんたちは、それぞれの立場それぞれの思いを汲みながら、枯松さんという聖地を守っていこうと活動を続けているのだ。

　潜伏時代にジワン神父の指導を受け、この場所を心の拠り所として崇敬してきたという同じ思いを受け継ぎながらも、明治以降、時代の変化のなかで分裂せざるをえなかった地域の人たちが、歴史と文化の継承のために再び一つになろうとしている。

# かくれキリシタンの帳方を継いで

黒崎地区にはかつて四つのかくれキリシタンの組織があったが、三つはすでに消滅し、現在の外海には出津に残る組織とあわせて二つだけとなった。

現在、黒崎でかくれキリシタンの帳方として組織を率いておられる村上茂則さんは、代々帳方をしている家系で七代目になる。明治二十二年、いわゆる寺離れをしたのが曾祖父・近八さんの率いるこのグループで、潜伏時代からの信仰を曲げずに受け継いできた。その後、代が替っても秘して信仰する形はそのままで、遠藤周作は祖父・近七さんから話を聞かせてもらえるまで、何度も酒を下げて通い詰めたのだそうだ。このかたくなさは今でも変らず、実際の信仰の様子については、外部の人にはなかなか見せていただけない。

父親の茂さんは、外海で初めてオラショを声に出して唱えた。それは、葬儀の時に声に出してもらいたいという要望があったためだという。

「最初、カトリックの人たちはびっくりしましたよ。なんとまあ、自分らが子どもの時に習ったお祈りと同じじゃないかってね」と茂則さん。

カトリックの教会でも、時代と共に祈りの言葉は変化してきており、昔習ったお祈りを変らずにずっとしているのは驚きだったのだという。

父親の代では、門徒数は四十戸はあったそうだが、今は二十六戸。しかし、ときどきこの地を離れた人から、亡くなった母親がここで洗礼を受けているので葬儀をしてくれといってくることもあるという。

「親が洗礼名を持ってますから、それでしてくれませんかというてくるんです。それで調べてみたら、たしかにある。これは頼まれればせんとならんです」

村上茂則さん。

ところで、父親の茂さんは、ご本人の意思によりカトリックで葬儀をしている。帳方という組織の中心となって先祖代々の信仰を守ることを自らの務めとしながらも、その大本であったカトリックへ復帰したいとの思いがあったのだろうか。最後の最後に組織の人たちの了解を得て、カトリックの洗礼を受けたのだそうだ。

「父は自分が帳方を継いでから、カトリックの勉強を始めたんです。結局カトリックに魅了されたという感じじゃなかですかね」

茂則さん自身はどう思っておられるのか聞いてみた。

「私はこのまま続けていこうと思っとります。私の母は九十歳になりますが、まだ高齢の人たちもたくさんおります。この人たちを送らにゃいかんし、無責任なことはできんですよ。カトリックの人たちとは進んでいる道が違うだけで目的は一つなんですよ。それをあえてここで一つにならんでもいいじゃないですかって」

# 巡礼地として
# よみがえった史跡

沢に沿って次兵衛岩へ向かう。

## 伝説の宣教師・トマス金鍔次兵衛

「沢沿いを行くので滑りやすいけん、この縄を靴に巻いてください」

神浦川沿いに走る県道57号線沿いの旧扇《おうぎやま》山分校。次兵衛岩へはここから約三キロほど山に分け入る。道案内なしに行くのは難しいとのことで、高橋渉さんにガイドをお願いした。

西彼杵半島のほぼ中央の山中にある次兵衛岩。禁教時代にトマス金鍔《きんつば》次兵衛が隠れ住んだという洞窟だ。現在、枯松神社、バスチャン屋敷跡と並んで、外海地域のキリシタンの歴史を語るうえで欠かせない史跡となっている。

ほどなく沢沿いの道なき道を行くことになるのだが、そこには昔の炭焼き窯の跡がいくつも点在している。斜面を巧みに利用して作られたその窯は、自然と融合していて興味深い。昔からこのあたりの人は林業で生活していたそうで、木炭を運ぶための道があったというが、雨が降るたびに崩れるので、山を案内する前には道作りに入るのだそうだ。

次兵衛が隠れていたという洞窟については昔から噂はあったという。しかし、時代と共にその存在が人々の記憶から薄れていく中、ここを再び巡礼の地としてよみがえらせたのは、山﨑政行さんだ。山﨑さんは敬虔なカトリック信徒として、ご自身の先祖のこと、この地でのキリスト教の歴史などを調べながら、この洞窟を再発見し、そこまでの道を三十年間踏み固めてきた。そして四百回登り、四千八百名の人を案内してきた。今では潜伏キリシタンの史跡として、また信仰の場所として、多くの巡礼者が訪れる地となっている。

トマス金鍔次兵衛とは、江戸幕府によって禁教令がしかれて大規模なキリシタンの弾圧が各地で行なわれる中、神出鬼没で魔法使いの伴天連《ばてれん》とも呼ばれた伝説の宣教師だ。この山奥の洞窟に隠れて、琴海《きんかい》や大村、長崎までも回っていたという。数多くの伝説が残る実在の人物だ。

トマス次兵衛は一六〇二（慶長七）年頃、大村でキリシタンの家の子として生まれている。父はレオ小右衛門、母はクララおきやというが、のちに両親とも殉教。次兵衛は満六歳の時に両親を説き伏せて有馬のセミナリヨへ入学。語学を得意としたという。一六一四（慶長十九）年、宣教師らと共にマカオへ追放され、同地の神学校へ入学。二年後にはマカオの神学校が閉鎖され、帰国して日本の実情を知ることになる。しかし、赦しの秘跡（＊1）を受けなくてはという思いでフィリピンに渡り聖アウグスチノ修道会に入会。神父となって今度こそ日本のキリスト教徒を救わなければと帰国を望むが許可が下りなかった。その頃、ローマの修道会総長宛に書いた手紙が現存するという。

一六三一（寛永八）年、侍に変装して密航。ようやく帰国が叶い、潜伏しながら布教活動を続けた。アウグスチノ会の神父が雲仙で拷問を受けたあと捕われているという長崎の桜町の牢に、長崎奉行所の馬丁として潜入。昼間は馬丁として働きながら、夜は秘かに教えを説いて回っていたという。そのうちに、不審に思った奉行所が取り調べを強化するが、次兵衛はいち早く逃げ、この洞窟を隠れ家としたという。

一六三五（寛永十二）年に長崎奉行は平戸、大村、鍋島（佐賀）、島原の四つの藩に命じて、浦上から大村湾一帯の大規模な山狩りを行なった。大村藩では足軽や土民にいたる十五歳から

＊1：告解、悔い改めの秘跡。犯した罪を告白し、神から罪の赦しを与えられること。

六十歳までほぼ全員が駆り出されたという。しかし三十五日間にもおよんだ探索にもかかわらず、捕まったのは次兵衛の世話をした男一人であった。なんとこの時次兵衛は江戸で家光の側小姓に洗礼を施していたともいわれている。しかしその翌年十一月、密告により長崎の片淵《かたぶち》で捕らえられ、数々の拷問を受けたのち、一六三七（寛永十四）年十一月六日、西坂《にしざか》で八月に続く再度の穴吊りの拷問の末、殉教した。次兵衛、三十五（一説には三十七）歳だった。

　それから約三百七十年後の二〇〇八（平成二十）年、トマス金鍔次兵衛は百八十八人の殉教者の一人として福者（＊2）に列せられた。

## 次兵衛岩の再発見へ

　次兵衛岩に再び光を当てた山﨑さんは昭和四年生まれ。かろうじて戦場へ行かずにすんでいる。体を壊して学校を辞め、長崎市内の三菱系列の町工場で働いていた時に、長崎がどうも危ないと父親から黒崎へ呼び戻された。

　長崎に原爆が落とされたのは、その数ヶ月後だった。

「私の代わりに原爆にやられた人がいました。私は命の皮つなげたんよ。明治になってカトリックは復活しましたけども、まだしこりが残っていて、耶《や》蘇《そ》教、耶蘇教といわれておりました。それでこんどは戦時中になったら、カトリックはミサなんかあげるもんで軍から目をつけられていたんです。終戦を境にして百八十度転換し、ようやく自由になりました。自由国家というものをはじめて味わったんです。ほんとうにいい時代に生まれたなと思いましたよ」

　終戦後の厳しさをなんとかしのぎながらも、行き詰まって一家で大阪へ出たりもしたが、結局この地へ戻ってきたという。

「いろいろありましたけど、どこにいても教会だけは遠のくまいと思っていました」

　その頃、黒崎教会に丸尾武雄神父が赴任してこられ、神父と共に信徒会の発足に山﨑さんは尽力している。

　ある時、丸尾神父の「先祖のために祈りなさい。ただし、同じ祈りをするのならば、名前を出して祈りなさい」という言葉を聞いて気がついたという。

「ああ、そうか、と。私には家系図がなかですたい。一代か二代までは知っとるけども、三代、四代前になるともうわからんけん。今日はこの人のため、この人のためといって祈るなら、名前を出さんと、それがほんとじゃなと。それから役場に行って戸籍謄本をあるだけ出してくれと頼んだ。そしたら、与作とニワという子どもに生年月日があった。安政二年四月二十日、こちらは万延元年五月十三日。この時ハッと気づいたんです」

　安政二（一八五五）年といえば、まだキリシタン迫害の末期だ。それからどうやってカトリックに復帰してきたのかと、山﨑さんは教会の沿革史を調べはじめたのだ。そして先祖の足跡を辿っているうちに、この黒崎地区に宣教師が残した三ヶ所の足跡、枯松神社、バスチャン屋敷跡、そして次兵衛岩に辿り着き、それらを伝えたいと思うようになった。

「迫害時代は徹底して信仰を守り抜いて復活した子孫だけど、今は平和になって、ややもすれば教会から遠のく姿も見える。教会に来いよといってもなかなかそうはいかん。だから、そうい

＊2：カトリック教会で聖人に次ぐ崇敬の対象。死後、その活動や殉教など聖なる行いに対してローマ教皇から与えられる。

う人たちにどうやって目覚めてもらおうかと思ったんです。そのためには足跡を辿って、体験を通して訴えようと」

次兵衛岩については、口伝えで噂は残っていた。しかしこのあたりの長老に聞いてもなかなか場所まではわからなかった。かつてキリシタンの調査をしていた片岡弥吉がつきとめていたようだが、そのあとが途絶えてしまっていた。

「その時、たまたま友達が、あの神浦ダムのところじゃなかかと。次兵衛岩には蘭の花があったらしかと、それを探しに山越え、谷越えて探しにいったら大きな洞窟に行き当たった。何やら祠も奉納してあったというので、これは、間違いなく次兵衛岩ばい、と。そこで方角を見たら、あの分校のところに車をとめて登ってくればよかったと思いながら帰ってきたというてすぐに私のところへ来たんです。よし、そんでは登ろうかと。一九八三年十一月二十三日のことです」

道もないところを真下に下ってなんとか降りてみると、川が三つに分かれているところだった。長崎大水害の翌年で、荒れ放題荒れていたそうだ。

それから間違いがないか神父と共に本格的に調査した。地権者を割り出し、史実を調べ、片岡弥吉が調べていた文献なども確認した結果、間違いないということになったという。

「それから私は単独で登るようになったんです。そこをみんなに見せたいとは思うけど、今のような道もなかけん。ほとんど沢ば登らんとしょうがなかけん」

河原には水苔も多く滑りやすかった。もし怪我でもされたりしたら連れて戻らなければならないが、助手を連れて行くにも人手がないし、トランシーバーも電波が届かない。

「実際に捻挫をした方がいて、本当に行き詰まってしまって。でも、あそこだけは見てもらいたいなあ、という思いでした。その一心でいた時に、ポッと私の頭にあるメダイが浮かんだんです」

## 光るメダイ

それは一九四五（昭和二十）年、終戦の年の出来事。ある土曜日、朝から

次兵衛岩。この奥に洞窟がある。

降っていた雨が上がり、友達とドッジボールをしようと高台にある学校に行った時、校庭の隅で何か光るものがあるのに気がついた。なんだろうと見ると、濡れた校庭にそこだけ砂が乾いてちょうど十字の印になっていた。

　ここには昔から怪しい光の噂があった。商いに来た人が異様な光を見てあまりの恐ろしさに引き上げたという話。また上級生が突然現れた光を足で蹴散らし、その後十日ぐらい患って登校できなかったという話など。

　少年だった山﨑さんは近くのおじさんを呼びに行き引っぱってきたが、誰が見ても十字には変わりがない。そこで木の枝で十字の真ん中を掘ってみたら、小さなメダイが出てきたという。

「あのなんの変哲もなか小さなメダイが、あれだけの威力であの印を出した。何かおれに示した印か、と。意味はわからんけど、忘れることのできない強烈な印象を受けたんです。それが私のはじまりであったんじゃなかかなあと、今は思っとります」

　山﨑さんは信仰に対しては厳しかったという父親の背中を見て育っている。祖父の代から父親も山﨑さんも幼児洗礼を受けた。山﨑家がカトリックに復活したのは三代前だそうだ。終戦後、家の改修の際、納戸の土壁の中から十字架が出てきたという。

「十字架を壁に塗り込んで、その前に仏壇があったんです。家が建ったのはまだ禁教下で表向きは仏教徒でしたから、わからんようにして納戸《なんど》神《がみ》として守ってきたんでしょうね。やはり大変な時代だったんじゃなあと思います。しかしまあ、二百五十年という年月を何代にもかけてよくぞ耐え抜いたなあと、つくづく先祖の偉大さを思いました」

　次兵衛岩の案内で行き詰まった時に、あの光るメダイがポンと頭に浮かんだ。

「ああ、そうか、あのメダイはここにつながったなあ、と。そん時、よし、マリア様が守護してくれるならばやりますと。それからはもうなんの不安もなかったです。長崎に走って、聖母のメダイを全部くださいと。それを清めてもらって参加者一人一人に記念のバッチとして着けてもらったんです。信者、未信者問いません。守護してもらおうという気持ちを込めて渡して、記念のバッチですけど、メダイですから粗末にはしてくれるなといいました。思い出したら各自の信仰でいいから、真の世界の平和のために祈ってくれんかと、それだけをお願いして」

　それ以来、沢で滑って怪我をしたなどという人は一人も出ていないという。

山﨑政行さん。

## マリア像の設置、そしてローマへの道

　山を下って沢沿いの木漏れ日の中を進むと、木々の間にマリア像が現れる。ここはちょうど川が二手に分かれる場所で、マリア像は自然石を利用して作られた古い炭焼き窯の跡に安置されて

次兵衛岩への途中に置かれたマリア像。

いた。その姿は最後の急勾配へ挑む前にひとときの安らぎを与えてくれる。

「どんな感じがしましたかね？　よかったでしょ。ああ、マリア様だって、マリア様が見えたってみなさん叫んでくれます」

山﨑さんは幾度も登りながら、この場所にマリア様を置いて、みんなを守ってもらいたいとずっと願い続け、ついにマリア像を安置することができたという。

「次兵衛岩は、霊場として、信仰の地として登ってくださいと、これからもそう呼びかけたいと思っています」

次兵衛神父が列福された際に、山﨑さんは一般からの証人として資料作りをし、バスチャン屋敷跡と次兵衛岩は山﨑さんの証言によって、カトリック教会から史跡として正式に認められることになった。そして山﨑さんのまとめた資料はバチカンの書庫に永久保存された。

「その時、ああ、そうかあ、おれがこれまで歩いてきたのは、バチカンへの道やったんだなあ、と気づいたんです。あの光るメダイから、神様にこう導かれていたんかなあ、とつくづく思いました。こうして振り返ってみますと懐かしいですね。人生はあっという間ですけん。ほんとうにもう一所懸命でした」

二〇〇八年十一月二十四日、長崎で百八十八人の列福式が執り行なわれ、その翌日、この次兵衛岩で行なわれた次兵衛神父の列福祭には、約三百名が参加した。

マリア像に見守られて辿り着いた次兵衛岩は、大岩が露出した窪みのような場所だった。川のせせらぎの音と河鹿の声を背に見上げると、その圧倒的な岩の重量感に次兵衛の意志が伝わってくるようであり、列福祭以降置かれたであろう品々には山﨑さんの誇りのようなものを感じた。

山﨑さんは次兵衛岩へ登りはじめて三十年、四百回もの案内を最後に、高橋渉さんにあとを譲った。次兵衛岩へ登る沢沿いには、今でも毎年十月になると巡礼者を迎えるように大文字草が咲き誇る。

Ⅱ

# 五島列島

## 海風吹きぬける島々に宿る篤い信仰

　五島へ五島へと皆行きたがる
　五島はやさしや土地までも
はるか沖に連なる五島の島々への
移住に望みをかけて、
外海《そとめ》のキリシタンたちはこう歌っていた。
しかし、島へ渡った人々の暮らしは厳しかった。
移住者は居付（着）きと呼ばれ、
作物の育てにくい急峻な
山沿いの土地しか与えられなかった。
　五島極楽、来てみりゃ地獄
　二度と行くまい五島の島へ
いつしかこう歌われるようになったという。

東シナ海に浮かぶ島々に雲間から陽光が差し込む。

# 先祖の信仰を受け継ぐ人々

## 外海から五島へ

五島列島は大小百数十の島からなり、北の宇久島《うくじま》から南の福江島まで含めても人口約六万余。いずれも人口減少と高齢化の悩みをかかえた離島だが、古くは東シナ海の重要な拠点であり、遣唐使船の寄泊地となるなど、大陸との交通や貿易の要衝であった。

この点在する島々には現在五十もの教会があり、カトリック信徒は人口の約十三%、長崎県の中でも群を抜いている。日本全体ではプロテスタントとあわせてもキリスト教を信仰する人は人口の一%にも満たないというから、その数の多さは圧倒的だ。

五島へのキリスト教布教は、一五六六（永禄九）年、領主宇久純定《すみさだ》が病気平癒のために宣教師を招いたことからはじまり、領主を筆頭に多くの農民や漁民が改宗した。

二十六聖人（64〜65頁参照）の一人、聖ヨハネ五島もここ五島の出身で、椛《かば》島《しま》の芦ノ浦が生誕の地だと言い伝えられている。また若松島の神部《こうべ》という集落は百八十戸すべてがキリシタンであったが、島原の乱の加勢に行き誰も戻ってこなかったという話もある。このように五島には熱心な信者が多かったと思われるが、江戸初期の度重なる激しい弾圧の結果、ほぼ完全に衰退したといわれている。

五島に再びキリシタンが潜伏したのは、荒地開墾のために五島藩が大村藩へ農民の移住を要請した一七九七（寛政九）年以降である。大村藩の人口抑制政策と相まって、外海の農民たちは数年にわたり次々と五島へ移住し、その数は三千にも上るといわれ、そのほ

土井ノ浦の漁港と教会を望む。

若松島の西、有福島にある有福教会。

とんどが潜伏キリシタンであった。その他に、秘かに逃げてきた者も多くいるというから、実際はどのくらいの人数になるのだろうか。五島列島の各地に潜伏した彼らが、のちのカトリック信徒とかくれキリシタンである。かくれキリシタンは現在はもうわずかしか残っていないようだが、一九七〇（昭和四十五）年頃は一万五千から二万人にもおよんだという。

外海から渡ってきた潜伏キリシタンたちは、信仰の形も外海を継承し、七代待てば、というバスチャンの予言（18頁参照）も外海同様に信じていた。「沖に見えるはパーパ（ローマ教皇）の舟よ。丸にやの字（マリアのこと）の帆が見える」。こう歌って耐え忍んでいたという。

一八六五（元治二）年、大浦に天主堂が落成すると、その噂はまたたく間に五島の各地にも伝わり、桐古里郷《きりふるさとごう》のガスパル与作はいち早く大浦でプチジャン神父の教えを受けて五島に戻ってきた。潜伏していたキリシタンたちは神父の再来を喜び、未だ禁教下にもかかわらず、キリシタンであることを公言して神仏を捨てる者たちが現れはじめた。それまで黙認していた代官もそうはいかなくなり、大規模な迫害へと向かっていく。これが久賀島《ひさかじま》から始まった五島崩れである。その悲劇を象徴するのが、幼児も含め老若男女二百人近くものキリシタンがわずか六坪ほどの牢屋に監禁、拷問の末、四十三人が命を落としたという「牢屋の窄《さこ》」である。この他各地でも迫害があり多くのキリシタンたちが命を落とした。

それでもなお生き延びて、禁教が解けたのちにカトリックに復帰した人、かくれキリシタンとして先祖の信仰を守り続けた人と、それぞれの道を歩んできた人たちが、五島の各所で歴史を刻んできたのだ。

## じげもんとの軋轢

若松島、土井《どい》ノ浦《うら》教会の信徒である下窄《しもさこ》忠さんも外海から渡ってきた潜伏キリシタンの末裔で七代目になる。祖先は中通島《なかどおりじま》の青砂《あおさ》ヶ浦《うら》から密漁取締のための奉公人として土井ノ浦に来たという。伊能忠敬が測量に入った一八一三（文化十）年の記録には土井ノ浦には家が一戸とあるので、それ以降のことだろうとのことだ。

「隣の桐《きり》の集落あたりは、一七九九年に大村藩の外海から殿様の要請で来とったわけですが、ここらあたりは闇で入ってきとるわけです。いわゆる密入国です。

隠れて入ってきた人たちは、公のところには出たくないですから、なるたけ人とのまじわりのないへんぴなところのほうが都合がよかったわけです。若松島でも一番開拓されていないここらあたりとか、有福《ありふく》などといった一番端のほうとか、そういうところに信者が住んどってそこに教会が建っとるということです。

天下御免でやってきた桐の人たちとも我々はなんか態度がちがうわけです。私が子どもの頃でもそうでした。彼らは堂々としているけれども、このあたりの居付き者は公の前で堂々としゃべるなんてことはできんかった」

　潜伏キリシタンたちは、ある者は藩の政策のもとに、ある者は闇夜に乗じて秘かに安住の地を求めてやってきたのだが、移住者は居付きと呼ばれ、じげ（地下）もん、つまり元々の住民に比べてへんぴな場所に住むことを余儀なくされて生活も厳しかった。

　一八七二（明治五）年の戸籍法で名字を名乗ることになるのだが、「お前たちは外道だから下という字をつけろ」といわれ、その当時のキリシタンたちは、下山、下原などみな「下」という字をつけたという。

　キリシタンやカトリックに対する差別は、明治を超えて下窄さんの子ども時代、昭和初期ぐらいまで続いている。

「子どもの頃は差別がひどかったです。学校にいけばアーメンソーメンとかいわれて……。学校の先生といえばほとんどがじげの人たちですから、先生の目がだいたいそうやった。

　平等になったのは第二次世界大戦が終って昭和三十年代、四十年代になった頃からでしょうね。みんな景気がよかったから経済もよくなって、子どもの教育も平等にできるようになった。今の子どもたちはそういうコンプレックスは一つも感じないでしょうけど、我々の頃はそれはひどかったです」

## 潜伏からカトリックへ

　下窄さんの先祖は、明治の初めにカトリックに改宗したそうだ。当時、大浦天主堂には潜伏キリシタンを束ねる帳方や水方たちが神父の教えを受けに集っていた。

「戸籍ができた明治五、六年当時、私の先祖は男の兄弟六人の中の長男で、そこだけがカトリックになっとるのです。あとはみんなかくれキリシタンです。私のところだけ何故カトリックになったんだろうかと考えてみると、長男はかくれの三役の水方をしとったからだろうと思うんです。だから私の先

上・左下2点／土井ノ浦教会。建て直しをする大曾教会を買い受け、1917～18（大正6～7）年ここに移築した。改築により外観は近代的だが、内部は初期の木造教会建築の姿を伝えている。右下／下窄忠さん。

祖だけが大浦に行って洗礼を受けとるわけです。ばってん、兄弟や周囲の人たちは洗礼を受けんかった。まあ、布教にはあまり熱心じゃなかったというわけですね」

神父たちは長い潜伏の間に変化してしまった信仰を、再びカトリックの信仰へ導くべく、彼らに正式な洗礼の仕方を教え、人々へ洗礼を授けるように指導した。その時に渡されたのが、洗礼を受けた人の名前を記す、お水帳、つまり洗礼台帳だ。五島各地には明治十年頃の洗礼台帳が残されている。戸籍が作られたあとにもかかわらず名字こそ書かれていないが、そこから様々なことが読みとれるという。

「その頃、集団で洗礼ば受けてますから、それで洗礼台帳をつけとります。中に書いてある洗礼の日付は、江戸の末期から明治初期にかけて。まだ禁教の高札が降りる前の洗礼名が載ってます。そして本人だけでなくて、親の親の代まで書いとります。親は出津《しつ》だとか、牧野だとか生まれた地名が書かれているので、どこから来たかということがわかります」

洗礼台帳からは迫害を逃れながら各地を移動している様子もわかるという。

「たとえば、一八七七（明治十）年に集団受洗した若松島瀬戸脇《せとわき》（間伏《まぶし》郷）の人ですが、一代のうちに迫害を逃れてあちこち移住しとるのがわかります。彼は中通島の立串《たてくし》で生まれて十代後半に家族と共に頭《かしら》ヶ島《しま》に移住しました。頭ヶ島は当時宗門改めもなく、上五島随一といわれた指導者ドミンゴ森松次郎が教理などを教えていたところでした。しかし次第に取り締まりが厳しくなると、一家は樽見《たるみ》に移り、真手《まて》ノ浦《うら》から嫁さんばもろうて、その後、仲知《ちゅうち》へと中通島を転々とし、それから若松島の瀬戸脇に移住してそこで晴れて洗礼を受けたわけです。そのあとのことは不明ですが、それから百四十年が経過した瀬戸脇は人影がなくなって久しく、彼らの信仰の拠り所であった原塚教会もただ正門付近と思われる跡が残されるだけとなっとります。流浪の民をしとるなあと……」

## 土井ノ浦のかくれキリシタン

土井ノ浦ではカトリックに復帰せずにかくれキリシタンの信仰を守っていた人たちも多く、昭和三十年以前には百七十戸のうち、カトリックが約六十戸、かくれキリシタンは約五十戸と推定されるとの調査もある（古野清人

左・上／土井ノ浦教会に付属するカリスト資料館には、かくれキリシタンたちの遺物が展示されている。上は信仰の対象となったアワビ、左は白磁のマリア像。

『隠れキリシタン』)。

「ここは昭和三十年前後に解散しとっとです。組織のことを、ここでは元帳《もとちょう》といっとりました。帳というのはたばねるという意味。グループということです。有福のほうでは組織のことをくるわといっとりました。花街の郭といっしょです。

ご神体はここらあたりでは白磁のマリア様などを祀っとりますが、有福のあたりでは貝殻です。タイラギ貝がキリスト、アワビは聖ミカエルとか。聖ミカエルは漁業の神様ということで、船にも祀られとるんです。ここらは外海の系統ですが、有福には天草の系統が入っとるんでしょうね。アワビの貝殻はこの辺でも魔除けだということで、牛を飼うた時にぶらさげたりしよったです。子どもの時は、自分たちはカトリックなのになんのためにぶらさげとったかなと思ったりしたもんです。まあなんか迷信みたいなものがあったのでしょうかね」

天草のかくれキリシタンはアワビやタイラギなどの貝殻を聖なる物として信仰していた。アワビの殻は日本各地でも神事や儀礼、魔除けなどに利用されている。古くからの風習をキリシタンたちが自分たちの信仰の中にとりこんだということもあるのだろうか。

土井ノ浦教会の正面で湾を見守るキリスト像。

十八世紀になって新天地を夢見て渡ってきた潜伏キリシタンとその子孫たちは、そこでも弾圧・迫害に遭い、さらにはじげ（地下）の人たちとの軋轢の中、息をひそめて生き抜いてきた。その一途でたくましい精神は、かくれキリシタンとして生きてきた人たちだけでなく、敬虔なカトリック信徒となった人々の中にもたしかに息づいているようだ。

「我々は幸いにして七代同じところにおるのですが、それも私の代で終りです。娘がおりますが、みな出ていってしもうてそれぞれのところに家を作っとりますから、七代続いたけど、これで終りじゃなあ、と、先祖に申し訳ない気持ちです」

そう話してくれた下窄さんは少し淋しげだった。かつて漁業で栄えた土井ノ浦だが、今はその面影も乏しい。穏やかな湾を見下ろす高台で、土井ノ浦教会は静かに人々を見守っていた。

## 五島のかくれキリシタン

### キリシタン洞窟（キリシタンワンド）へ

中通島《なかどおりじま》の桐古里郷《きりふるさとごう》深浦《ふかうら》で釣り人の瀬渡しをする船頭の坂井好弘さんに、若松島南端の岬の先端にあるキリシタン洞窟を案内してもらった。

細長く切れ込んだ深い入江は鏡面のように静かで、海岸沿いは厳しい岩場が続く。しばらく行くと「あそこにマリア様が見える」という。ハリノメンド（針の穴の意）と呼ばれ、岩の抜けた形があたかも子どもを抱いたマリア

像に見えると有名なところだ。キリシタン洞窟はさらにその向こう側にある。

明治初めの五島崩れの時に、弾圧を逃れて数人の潜伏キリシタンがここへ隠れ住んだ。奥行き約五十メートル。広さは十分だが中はひんやりと冷たい。岩がゴロゴロしているし、とても休めるような場所は見当たらない。この洞窟に三〜四ヶ月潜んでいたのだが、ある朝、炊事の煙を漁船に目撃されてしまう。通報されて捕らえられ、厳しい責め苦にあったという。そのお孫さんがまだご存命で、桐修道院のシスターをしておられるのだそうだ。

さて、坂井さんの船の内壁に、ある時マリア像が浮き出たという。それ以来、この船で事故はないそうだ。それどころか、瀬渡しの時に、海が時化ていても必ず釣り人を乗船させられるし、洞窟へもこの船で行けば、雨が降っていても必ず晴れるのだという。

## 信仰を次代に継ぐために

坂井さんはじつはこの地でかくれキリシタンの信仰を継承している。奥さんの鈴子さんは代々続く深浦家の一人

右／洞窟の上には十字架とキリストの像が建てられている。
上／聖母子の姿を思わせるハリノメンド。
左下／潜伏キリシタンが隠れたという洞窟。

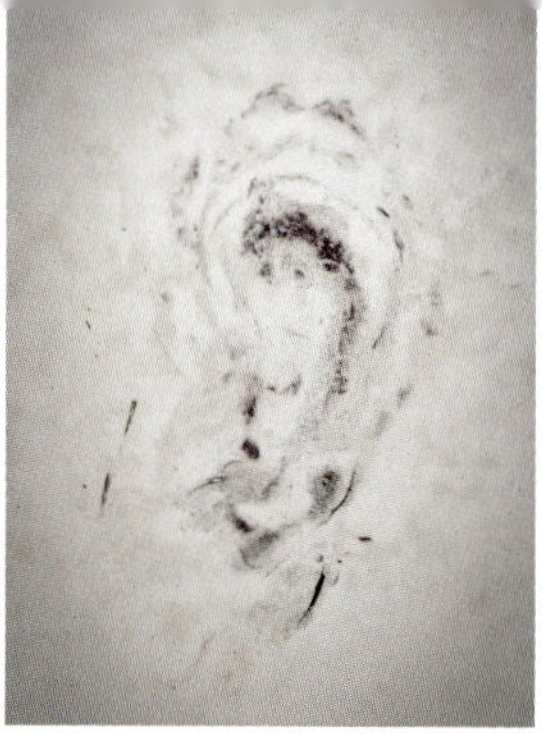

上／船の内壁に浮き出たマリア像。その時々で色も変わるという。
下／坂井好弘さん。

娘だった。

「一七七四年か七五年頃に、ここ深浦に一組の夫婦が弾圧を逃れてやってきたんです。それ以来だから二百五十年はありますね。元々ここには地名と同じ深浦という姓だけです。たどればみんな身内です。

　先祖はマリア様とロザリオを持ってこの地に上がってきて、山を切り開いたんです。桐教会の近くの民家から隣の部落まで、多い時は三百軒ほどもかくれキリシタンでした。

　昔は人が多くて、行事の時など一つの家に入りきらないというので二つに分けていました。隣の部落に最近百歳で亡くなられた方がいたんですが、五十年ぐらい前はその方のところにも年三回集っていたそうです。その方が亡くなられてから、三家族ぐらいがこちらに来ています。もう入らないという方もいます」

　五十年前頃は五十軒、約百人いた信者も今は二十軒ほどだそうだ。

　鈴子さんの父親はかくれキリシタンの七代目として三十年ほど帳方を務めていた。その後、築地《ちぢ》（宿《しゅく》ノ浦《うら》郷築地）という隣の集落の人が八代目を継ぎ十年ほど務めていたが病に倒れ亡くなった。八代目は生前、鈴子さんにあとを継いでもらいたいと話していたそうだ。

「私が七代目の子どもだったので、継いでほしいといわれたんです。でも帳方は代々男の人が継いできました。母から祈りの言葉を習ってはいましたけども、私は女ですし。父は私たちの息子に継いでもらいたいと思っていたんです」

　現在、かくれキリシタンの帳方を継いでいる鈴子さんのご主人、好弘さんは、自分たちはあくまでも代理だと思っているという。

「深浦家の本家が絶えるというので、長男が生まれたら本家へ養子にやるというのが、家内の父親との約束でした。だから長男は深浦姓です。息子は今は働きに出ていて帳方をやる時間がありません。私は息子があとを継ぐまでの間をなんとかつなぎたいと思っているんです。息子が明日から帳方をやるといったら譲らなければいかんです。私が帳方をするのを家内の父親は望んでいなかったので、私自身は姓を変えていません」

　好弘さんはここの生まれではなく、小値賀島《おぢかじま》の出身だ。そしてかくれキリシタンの家の出ではない。

「私はもともとは仏教徒です。結婚した時には、家内の家がかくれキリシタンだということも知りませんでした。家を手伝ってくれというので、ここで一緒に住んでいたんです。そしたら、日曜日になるとみんなが集まって、座敷を締め切って何かやっている。何をやっているんだろうかって思っていたら、ここは代々続くかくれキリシタンの家だと。そして洗礼を受けるようにいわれたんです。私は若かったですし、特に仏教徒としてこだわるところもなかったので、いわれるがまま洗礼を受けることにしました」

　洗礼を受けてからは、クリスマスなどの祈りの席にも入れるようになったという。

「父の時代まではかたくなに信仰を守っていました。祈りの席には誰も入ることはできなかったんです。障子も閉めてしまって。厳しかったです。禁教が解けて百四十年にもなるんですけど、解けたあとも潜伏時代と同じようにずっと守ってきたんです」

　そういう父親の姿を見てきた鈴子さんの表情の端々には、長い歴史の重みが現れているように見える。鈴子さんは今でも自分たちの宗教について外部の人に見せたりすることには強い抵抗があるという。だが好弘さんの思いはまた別のところにあった。長い間脈々と守り続けてきたものだが、いつか自然になくなるかもしれない。この守ってきたものを、みんなに知ってもらったらいいのではないかと思っている。

　鈴子さんが十歳ぐらいの時、シスターや神父が入れ代わり立ち代わり訪れて、カトリックへの復帰を奨めに来たのだそうだ。それでも先祖代々の信仰を守り通してきた。父親が守ってきたものを死ぬまで守り通したいという鈴子さんの強い思いと、好弘さんの思いは時としてぶつかりあった。

「父がずっと守ってきたものを、人にお見せするのは私はぜったいにいやだったんです。今でもわだかまりはあります。でも、主人のいうことも一理あるんじゃないかなと最近は思いまして。

　以前研究者の方々がクリスマスのお祈りを見に来たいといってきたので、信者の方たちの承諾は得たのです。でも正直いって八十歳を過ぎた方たちの気持ちがわかるんですね。役場の方がこういっているのでと話せば、言葉ではいいですよというんですが、やはり見せたくないという心の中が私には見えるんです。ほんとうは見せたくない。かたくなに守りたいと。そういう人たちに悪いなと思いながら……」

　そう複雑な心境を話してくれた。

「私の父はお盆のお迎えと送り（後述）でこの部落七軒の檀家を回っていたんですが、息子は三、四歳の頃からついて回ってました。みんなが『しんちゃん、どこに行きよると？』と聞くと『ぶしぶしに行くと』と答えていました。私たちの祈りの言葉は声に出していわないので、ぶしぶしという言葉に聞こえたんでしょうね。本人は今でも自分がいつかは継ぎたいといっています」

　そう話す鈴子さんの思いを受け止めるように好弘さんは言葉を引き継いだ。

「途切れたら信仰のしかたがわからんけんね、息子に渡すまでは私が継いでおかんば。あの子が継ぐとみな思っとるけん、それがあの子の役目ですたい」

## 信仰の形

　坂井さんご夫妻に、この地に伝わるかくれキリシタンの信仰の形をいくつか伺うことができた。

## *クリスマス

「そこの山ば越えて来よったです。隣の部落からも、こう尾根ば通って。クリスマスや復活祭の時は、夜の十一時ぐらいにみんなここに祈りに来よったです」

　今でも十二月二十四日の夜中、日付が変る頃に集って祈りをあげているのだそうだ。

　帳方の家では御膳を作ってイエス様とマリア様にお供えをする。その御膳には細かい決まりがあるという。お吸い物、特別な切り方をした五切れのお刺身、ご飯、お煮しめ、そして寒天などを入れたつぼ。それとたくあんにお酒。ワインの代わりがお酒で、パンの代わりがお刺身だ。クリスマスには必ずブリと大根を炊くのも昔からのしきたりだった。

「昔は家に入りきらんほど信者も多かったけん、大釜で炊きよったです。それにみなさんお酒もたくさん飲みよったです。酒が足らんというわけにはいかなかったので、たくさん用意しました。おにぎりとかぼたもちは、祈りが終ったあとにそれぞれのお重に平等に分け合うんです。それらはイエス様やマリア様の食べたお残りものですから、お残りものを与えてくださいとお祈りをしてからいただきます」

　祭事のあとの直会《なおらい》のような感覚だろうか。そしてクリスマスが終ってから各家々を回って「一年ありがとうございました」と祈り、年の初めにも各家を回り祈る。その時、帳方は体を清め、黒い足袋に着物、羽織がけで正座で祈る。移動する際はいちいち着替えるのだという。これも発覚しないようにという潜伏時代の名残なのだろうか。

## *お盆と葬式

　お盆には先祖のお迎えと送りをする。

「八月十三日に、帳方の家で先祖に祈りをあげてから各家を回り、イエス様に先祖をお迎えする祈りをあげ、十五日の朝にまた各家で、先祖を送る祈りをイエス様にあげるのです。十三日と十四日は先祖の方たちはみな家に帰っているので家でお線香をあげたりします。墓参りは、先祖がお墓に帰っている十五日の夕方に行きます」

　葬儀は表向きは神道祭《しんとうさい》で行なうのだが、その前日に隣の家でかくれの祈りをあげるのだという。それはかくれキリシタンの葬儀がばれないようにという配慮からのことで、昔から変らずに続けているという。

「亡くなった方の家族に水を汲んできてもらって、帳方が額に十字を切ります。そのあと、隣の家を借りて、そこで四回お祈りをせんといかんです」

　十字を切るのは、洗礼を授ける時と、亡くなった時だけだそうだ。それからお供えを作って祈り、一度外に出て体と手を清めてから、家に入ってまた祈る。そのたびにお供え物は新たに作り直す。それを四回繰り返す。亡くなった人に着せる服を前にして祈りをささげ、送る時にその服に着替えさせるという。

　葬式をしたあとも、初七日、二七日、三七日、一周忌、三年忌、七年忌、と続く。

「五十年でやっと土に還るということになります。私の父は八十六歳で亡くなり、十七年忌を迎えます」

## *洗礼

　生まれた時の洗礼は、帳方（帳役、大将ともいう）、水方、付き人（下役）

の三役がその家に行って執り行なう。その家では抱き親を頼み、御膳を供える。

「抱き親は宗教的に一生涯その人の親ということになります」

好弘さんの場合は特別で、洗礼を受けたのが二十歳にもなってからだが、鈴子さんの弟が抱き親になり、膝に座って洗礼を受けた。抱き親は洗礼を受ける者の着物を用意するのが慣わしで、好弘さんの時も着物が揃えてあった。

抱き親は、男の子なら男の人、女の子なら女の人で、かつ洗礼名は曜日ごとに決まっている。たとえば日曜日生まれの女の子は、マリアという洗礼名の人に抱いてもらい、その名をもらう。

もしもその時に同じ曜日に生まれた人がいなかったら、と鈴子さんに聞いてみる。

「それがいるんですよね。たしかに、いない時はどうしていたんでしょうか。うちの子どもたちの時はたまたまいましたけど」

### ＊ご神体と祈りの言葉

「私たちのところにはマリア様が何体かあります。私は帳方になって七～八年（二〇一四年時点）ですが、一体だけまだ目をあわせきらんマリア様がおるんです。そのマリア様に吸い込まれそうな感じで怖いんです」

かくれキリシタンとしていちばん大切にしているのはマリア様だと好弘さんはいう。マリア像には一年の始まりと終りに祈りをあげる。

「マリア様は帳方以外誰も見ることはできないんです。家内でも、子どもでもこればかりは見ることはできません。そして帳方以外、マリア様に祈りをあげることもできないんです」

毎週日曜日には、帳方など三役だけでイエス様に向かってお祈りをする。

「昔は貧しかったもんですから、信者のみなさんに日曜日も働きなさいといっていたそうです。少しでも食べられるように働きなさいと。だから帳方とか水方とか付き人とか、その人たちだけで祈りをあげるんです」

見せていただいた箱の中には、ロザリオのほか、古銭が入っていた。一年に三回信者が祈りにくるそうだが、その際に頼み事をした時のお賽銭だという。

好弘さんもまだ全部は覚えていないそうだが、祈りの言葉、オラショは二十数通りあるという。

「生まれた時から亡くなるまで、つまり洗礼から葬式まで祈りの言葉があります。結婚式の祈りの言葉もあるんですよ。じつは息子が結婚した時、私た

上／坂井さん夫妻が大切にしている箱には、ロザリオやご神体、お賽銭などが納められていた。下／洗礼や葬式に用いられる聖水を汲むお水取りの井戸。「定期的に掃除して、葉っぱとか土とか落ちないようにしています。家内からはこの真ん中は神様が通るけん、物を置かないようにといわれています」と好弘さん。

ちはまだ帳方を継いで日も浅かったので、式自体をあげていないんです。まだ言葉を知らなかったから……」

鈴子さんは母親の生前、祈りの言葉を書き記したノートを受け継いでいる。

「代々写し写してきたものなんです。母が祈っているのも、なんといっているかぜんぜんわからなかったんですが、ノートを見て、こういうことをこういっていたのかと知りました。ただ口の中でブツブツいうだけで、私たちは黙り宗ともいわれたんです。年に三回みんなが集まるんですが、みんなもなんと祈っているかわからないのに聞こうともしません。

私たちは全然わからないことだらけです。でも途絶えさせるわけにはいかないですし、主人がある程度祈りの言葉を覚えてくれたのでなんとかやっています。母から受け継いだノートも難しくて……」

祈りの中で代表的なものがガラサという祈りだ。

「まずはガラサを唱えてマリア様に取り次ぎしていただくんです。これは祝《しゅく》詞《し》になるんですけど、ガラサの言葉を唱えて、数えきれない数万人の神様にお取り次ぎをしていただくんです」

鈴子さんが「ガラサみちみちて……」と祈りの言葉を唱えてみせてくれた。

### *バスチャン暦

「これが私たちの暦、つまりカレンダーです。カレンダーというか、そろばんみたいですね」

そういって見せてくれたのは、外海などでも使われているかくれキリシタンに特有の暦と同じで、好弘さんはバスチャン暦（17頁参照）と呼んでいた。この暦は一年のはじめに鈴子さんが作るのだという。

「今のカレンダーをずっとたどっていきながら書くんです。日の繰り方は父から聞きました。三月の彼岸の入りから十八日後戻りした日が悲しみの入り。私たちは春の入りといっています。その日をイエス様が亡くなった日と決めて、それから四十五日後が悲しみの開け、春の開けといいます。つまり復活祭のことです。イエス様は処刑されて亡くなったけれども復活する。そのお祝いをするんですが、それはカトリックの方も同じですね」

この暦に従って、一年の行事などが執り行なわれている。

「この暦は毎年一冊しか作らないものですが、神様に仕えた人が亡くなった時は懐に入れてあげるんです。きれいに半紙で包んで、糊で止めて。これを持たせてもらったら、イエス様の元へ行けるといういわれがあります。何百人も信者がいる時には、みなに持たせるわけにいかないですし、だから特別です。帳方とその家の者とかは、いろいろな面でみなさんのお世話をします

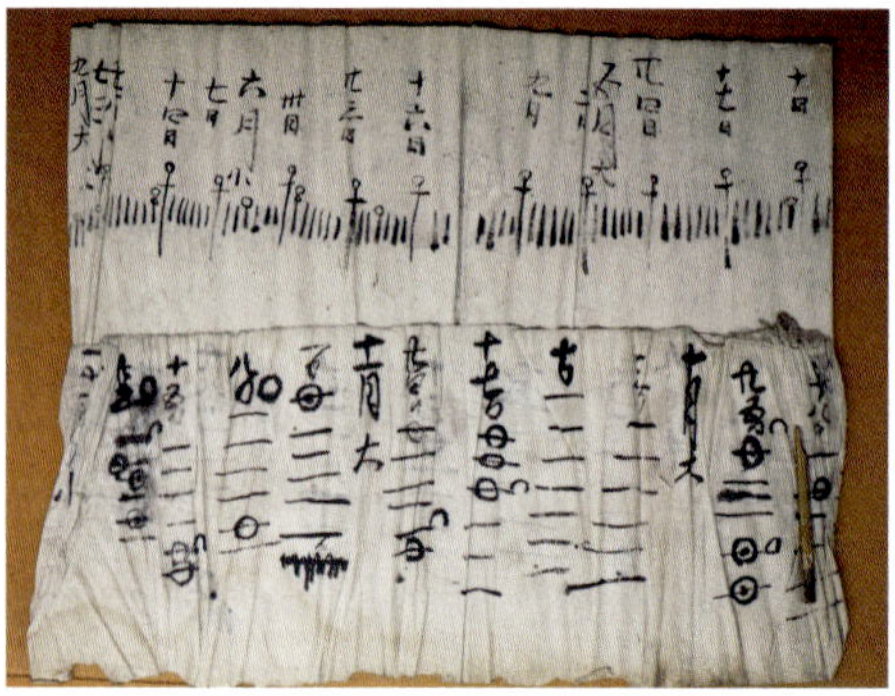

バスチャン暦（平戸市切支丹資料館蔵）。五島は外海からの移住者が信仰の形も受け継いできた。バスチャン暦もその一つ。

隣の横瀬にある山神神社。代々かくれキリシタンの人たちが守ってきた。「宗教はなんですか？　と聞かれても私たちは神道祭だと答えます。それが隠れ蓑ですから。神社を守っているのはかくれキリシタンの信者の方たちです。神社のお祭の早朝に私のところへ来て、イエス様やマリア様に報告をします」と好弘さん。

から。祖母も、父もこれを入れて送りました」

「帳方になった人は、何か恩恵を受けるわけじゃありません。みなさんのために神様に祈る、みなさんのためにするもんですから、その代わりに神様から命を授かるといわれてきました。だから帳方になった人は病気もせんとずっと長生きです。それと、亡くなる時も誰にも迷惑かけんで動ける間にすっと息をひきとってゆく。それが神様からのお礼だといわれています」

信者の方々に奉仕をするのが、帳方とその家の勤めだと、好弘さんはかみしめるようにいった。

「九十歳ぐらいのシスターに、あんたたちが守ってきてくれたけん、今の私たちのカトリックがあっとよっていわれた時は、嬉しかったです。守ってきてよかったなと思っています」

この地のかくれキリシタンは好弘さんが間をつないでいずれは深浦家に戻るのだろう。そしてあまり表に出したくないという息子さんが引き継ぎ、再び秘かに信仰を続けていくのだろうか。

# 人がいなくなった島と教会

## 野生のシカが闊歩する野崎島

五島列島の北端、大小十七の島からなる小値賀《おぢか》諸島。中心となる小値賀本島の東側に横たわる南北約六・五キロ、東西約二キロメートルの細長い島が野崎島だ。本島の笛吹港から町営の定期船で約三十分。ここは島のガイド役が一人いるだけの、いわば無人島。四百頭を超える野生のニホンジカが生息している。

島に降りしばらく行くと、左手に広がる白い砂浜と青い海を見下ろす道に出る。ほどなく斜面の中腹に煉瓦造りの旧野首《のくび》教会が目に飛び込んできた。

ここ野首にはかつて二百人近い人たちが暮らしていたというが、すでに民家の跡もなく、ただただ斜面に広がる段々畑の痕跡が往時をしのばせるだけになっている。

それにしても景色が素晴らしい。教会を中心に広がる段々畑で青い海を見下ろしながら、生活を営む村人の姿を想像してみる。芋畑より葡萄畑のほうが似合いそうだ。かつてこの島には野崎、野首、舟森《ふなもり》の三つの集落があり、一九五〇年代には六百五十人の島民が暮らしていたという。

野崎島と小値賀本島は人々の生活のうえでも密接なつながりがあり、小値賀の人たちはこの島から様々な面で恩恵を受けていたとガイドの前田博嗣さんはいう。

「風が吹けば野崎島が防波堤になってくれる。神島《こうじま》神社もあるし、薪をとったり炭を焼いたりと燃料を取る島でもある。だから、自然にしろ、精神面にしろ、生活面にしろ、小値賀の人たちにとっては大切な島です」

縄文時代の遺跡もあるという野崎島は、標高三百メートルほどではあるが二つの山が連なったかなり険しい地形だ。島北部の山の上に鎮座する沖《おき》ノ神島神社は、小値賀島の地《ち》ノ神島神社と海を隔てて向かい合うように建てられている。飛鳥時代創建のこの二つの神社は、もともと一つであった社を両島に分けて祀ったもので、祀られている三柱の祭神は西海の海を守る大切な神様として五島列島一帯の信仰を集めていた。

島の東部の比較的平坦な場所には、八世紀頃から神官を中心とする集落が形作られていったと考えられている。それが現在町営船の発着する港のある野崎集落である。

野崎集落が神道・仏教徒の集落だった一方、野首、舟森の二つの集落はカトリックの集落だった。発祥は十九世紀までくだり、いずれも潜伏キリシタンたちが移住して切り開いた居付きの集落だ。

野首の段々畑と集落跡。祈りの場として人々を支えた旧野首教会がたたずむ。

一八〇〇年代の初期に長崎の外海から久賀島を経由して野首へ、舟森はそれから三十〜四十年後の一八四〇年代に人が入ったという。十八世紀末に大村藩から五島藩への大規模な農民の移住があったが、その多くが潜伏キリシタンだといわれている。そのような背景の中で、野崎島へも渡ってきた人たちがいたのだ。そして斜面を切り開きサツマイモなどを育てながら、人々は信仰深い生活を送ってきた。

しかし高度経済成長期の急激な生活様式の変化の中で人口流出が進む。終戦時には三十四戸あった舟森集落は、一九六六（昭和四十一）年には十三世帯、四十五人が集団離村して消滅。一九七一（昭和四十六）年には野首集落で最後に残った六家族二十八人が島を去っていった。

舟森の集団離村では町が住宅を斡旋し、一部の人々は小値賀本島へ移住したが、野首の人たちはみな島外へ移住している。野崎の集落とはちがい、十九世紀に入ってからの居付きなので歴史も浅く、小値賀本島とのつながりが薄かったのではないかと、この地域のキリシタンの歴史を調査している平田賢明《まさはる》さんはいう。

野崎集落には、神官の夫婦が最後まで住んでいて沖ノ神島神社を守っていたが、二〇〇一（平成十三）年に島を離れて、無人の島となった。

## 野首集落跡と旧野首教会

野首集落は、島の中央部のくびれた部分、比較的なだらかな地形のところに形作られていった。このあたりは、かつて小値賀で捕鯨業などを営んでいた小田氏が一七〇〇年代に開墾したが、理由は不明ながらその後百年ほど放置されていたところだという。なだらかとはいえ、人が住んで田畑を作り生活を営むには、相当厳しいところだったにちがいない。

旧野首教会。1971年に村人が集団離村してから放置され、荒れていた教会も、現在は修復保存され、往時の様子をしのばせている。

平田さんは潜伏キリシタンたちの移住の経緯などを調べているが、資料がほとんどないそうだ。五島列島の中でも、小値賀は平戸藩の所領だが、中通島から南は五島藩に属する。潜伏キリシタンがどうやって五島藩から平戸藩へ移住したのかという記録がないという。明治三年の洗礼台帳には三代書きがあり、外海のどこそこから来たなどと記載があるので、それを基に追いかけているそうだ。

　伝承によれば、初期移住者の始まりは、ある父子三人が久賀島から天草を経由し、その後野崎島に入ったということになっている。その子どものうちの一人が一八〇九（文化六）年の生まれだということは、墓の調査で確認されたという。

　一八六五（元治二）年の大浦天主堂での信徒発見（112頁参照）は、翌年には野崎島にもその噂が届いていたという。そして四名が長崎に行き、プチジャン神父の教えをうけて島に戻ってきた。それから一年も経たずに、大浦天主堂で六名が洗礼を受けた。しかし、その年に起こった浦上四番崩れを発端にした各地のキリシタン弾圧の中で、野首、舟森の人たちも女子どもまで全員が平戸に連行された。ほどなく戻ってくることはできたが、略奪でもされたのか家の中が荒らされていたという話が伝わっている。

　一八七三（明治六）年に禁教が解かれ、ようやく信教の自由が認められると、カトリックの信仰の拠り所である教会が必要になり、一八八二（明治十五）年、野首にも木造の教会が建てられた。その後、さらに本格的な煉瓦作りの教会を建てたいと願うようになり、信徒十七戸が結束してその経費を捻出する計画が立てられる。日々の食事を減らし、キビナゴ漁で財を蓄え、ようやく資金のめどがたったのは、明治の終り。鉄川与助に設計を依頼し、ついに一九〇八（明治四十一）年、鉄川初の煉瓦作りの教会は落成を迎えることができた。工事にきた人夫たちが心配した代金は、落成のその日に現金で支払われたという。当時の金額で二千八百五十五円、現在に換算するとおよそ二億円にもなる。まさに爪に火を灯しての悲願の教会であった。

　長いこと役人たちの目をかわしながら生き延びてきたキリシタンたちが、明るい日の下で何をはばかることもなく、堂々と教会へ通うことができる。そんな時代がきたことを当時の人たちはどんな思いで受け止めていたのだろうか。

## 舟森集落跡に見るかつての暮らし

　舟森集落跡は島の南端にある。旧野首教会を回り込む道をとらず、元は段々畑であったと思われる斜面を突っ切って登って行くと、遠くからシカがこちらを眺めている。

　野首と舟森をつなぐ道は約二キロ。かつては、ミサに通うための信仰の道であり、学校へ通うための子どもたちの通学路であった。

　アップダウンもあり、足場の悪いところも多い。途中には細い木製の電信柱を切り倒した跡や、字界石《あざかいせき》（字の境界を示す）などが残り、たしかに人々の生活の道であったことを思い起こさせてくれる。約一時間半ほど歩くと突然視界が開け、集落跡の斜面が目の前に広がった。

　この日は天気もよく、強い日差しに

野首から舟森へと向かう道。

照らされて地面がからからに乾いている。傾斜のきつい山の斜面を上まで切り開いた人々のエネルギーに驚きを禁じ得ない。

あそこに分校、あそこが瀬戸脇《せとわき》教会だと指し示してくれるが、廃村となって五十年を経た今は建物の残骸すら残されていない。わずかな土台や、斜面に平坦な土地を確保するための石組みと、それから足元にまばらに落ちている陶器の破片だけが人々の暮らしの一端をしのばせている。

この舟森集落には、多い時には百五十人あまりもの人が暮らしていた。当時は段々畑はずっと西側まで広がっていたのだという。その西側はすっかり藪、というよりもすでに森になっていて、よく見ると石垣が見え隠れしているのでかろうじてそこが段々畑であったことがわかる。

舟森に最初に住み着いたのも潜伏キリシタンの父子三人だった。伝説として次のように語り継がれている。

小値賀の回船問屋、田口家四代室積屋徳平治が、ある時外海に網の買付けにいった。浜辺で三人の父子が何やら真剣に祈っているので事情を聞くと、明日処刑されるという牧野のキリシタン、十造と二人の息子だった。あわれに思った徳平治は、船底の魚網の下にかくまい、役人の調べにも巧妙に逃れて小値賀まで連れてきた。そして使用人として寺に届け、舟森に住まわせたという。

舟森の海岸に面して建っている白い十字架を模した記念碑は、田口家十代の富三郎さんが二〇〇九（平成二十一）年に先祖をしのんで建てたもので舟森郷の碑と記されている。潜伏キリシタン親子を助けた徳平治さんも、また富三郎さんも仏教徒だということだ。

その後の舟森には、潜伏キリシタンたちが移住し、集落を形作っていった。明治の初め、住民全員が平戸へ連行されるなど、ここでもキリシタンへの弾圧があったのだが、禁教令の高札が降ろされると、それから十年も経たない一八八一（明治十四）年、野首教会に先駆けて、舟森に教会が建てられた。これが瀬戸脇教会だ。かつては野首教会とこの瀬戸脇教会で交互にミサが行なわれていたという。

瀬戸脇教会も今は土台が残るだけ。沢向こうの教会跡へ渡る石橋も崩落していて近寄ることもできなくなっている。

この教会と司祭館の建物だけは、解体されて集団離村の際に信者たちの船で少しずつ運び出された。司祭館は小値賀教会として移築。教会の建物は小値賀諸島の一つ大島へ牛小屋としてもらわれていったという。

小値賀本島には舟森に最初に住み着いた親子の末裔が今でも暮らしており、小値賀教会の手伝いをしているという話を、小値賀教会を守っている土川幸子さんに伺った。

また、舟森で十七歳まで暮らしていたというおばあさんは、舟森の生活はとてもよかったと話しているという。厳しさはあったけれども、生まれてからそうだったのでそれが普通だったと思っていたし、信仰が一つでみな気心が知れているから、団結していたそうだ。海に藻が寄って来たらみなで知らせ合って船で取りに行く。そして海岸に干して、屋根裏に蓄えておく。魚を釣るえさ取りは子どもが手伝って、大人は魚釣りに行く。魚を食べたあとのアラは自分たちのし尿といっしょに肥料にする。その肥やしをみんなでリレーをして山の上まで運ぶ。大きな船を持てるようになった人がみんなの魚を集めて漁協に売りに行く、などなど。

「いろいろと工夫しながら生きていた、あの頃の生活はよかったねと、懐かしがるんです。世界遺産の関係の先生方は、みなあそこでどうやって生きていけたのか聞き取りしてくれというんですけど、聞いてみると思ったほどでもない。自分たちは豊かだったというんですよ。買いたい物は何でも買いにいっていたと。魚を運んでいけば現金が手に入るからと」

こう土川さんは話してくれた。

毎日の食事は芋や麦など自分たちが作ったもので暮らし、お祝いの日など特別の日はお米などの買ったものが食卓に並んだ。もともとが質素な生活で満足できていたからだという。

平田さんは舟森集落の跡を眺めなが

舟森集落跡の風景。
上左／斜面に残された段々畑と集落の跡を示す石垣。上中／集落跡から海を望む。
上右／浜から少し上がったところに建てられた十字架の碑。下／町営船から見た舟森集落跡。この浜に最初の三人が上陸した。

ら、次のようにしみじみと語った。

「暮らしの場と祈りの場と眠りの場は三ついっしょになって考えないといけないのに、今は祈りの場だけに光があたって、残りの二つはおいてきぼりになっているようです」

残された教会の建物だけではなく、野首と舟森を結ぶ道、潜伏期から積み重ねられてきた人々の生活の場である集落の跡、そしてその地に眠る人々の墓地、これらをひとくくりに考えないと、その歴史を辿ることはできない。たしかにそうだ。荒野となった段々畑の跡を今は海風が吹き抜けるだけだが、そこにはここで暮らしていた人々の思いが、かすかに漂っているような気がしてくる。

## 小値賀に生きる教会の守人

小値賀本島の島民はほとんどが仏教徒だ。町には小さな教会が一つ、信徒の数も今では十人足らずだそうだ。

舟森集落の司祭館を移築した小値賀教会の建物は、およそ教会とは思えない質素な建物で、小さな標識が立っていなければ見過ごしてしまいそうだ。

小値賀教会を年老いた信者と共に見守ってきた土川さんは次のように話してくれた。

「いつ壊れるかわかりません。でも舟森に最初に住み着いた人の子孫がここで会計係をしてくれて、外のお掃除や修理などもしてくれています。その方は二十歳の時に瀬戸脇、つまり舟森から小値賀に来たといいます」

今では信徒の数も少ないが、それでも舟森から司祭館を移築した頃は百人を超えていたそうだ。その当時は幼稚園があり、神父やシスターもいた。

教会の中には、舟森をあとにする最後の信徒が大切に運んできた瀬戸脇教会の聖母子像も置かれていた。開け放たれた窓から心地よい風が入ってくる。草葉を抜ける風は、まるで舟森で吹いた風が海を渡ってここまで届いているかのようだ。

小値賀のキリスト教とのかかわりについては資料がほとんどなく詳しいことはわからないそうだが、おそらくかなりの人がキリスト教と出会っていたのではないかと土川さんはいう。

小値賀は平戸松浦氏の所領だったので、ザビエルが平戸で布教をはじめてすぐに影響を受けたはずだ。松浦氏の重臣、籠手田《こてだ》氏の所領であった納島《のうしま》（小値賀本島の北）は、籠手田領の一斉改宗とあわせて、島民もほとんどがキリスト教に改宗したと考えられている。

「はっきりした資料は残っていないのですが、小値賀本島でもかつて良港として栄えた前方《まえがた》あたりも半分くらいがキリシタンになったのではないかともいわれています。のちに禁教になって弾圧がはじまると、この小値賀島にも、キリシタンの取り締まりをするための押役所《おさえやくしょ》が置かれています。これが置かれたということは、いかに信者が多かったかということを示していると思うのです。

江戸時代の中でも殉教の多かった元和年間（一六一五〜二四）のことです。納島では神父を泊めたかどで、宿主がその場で首を切られて海に投げ捨てられています。納島などでは今でも家を解体した時に、十字架とかロザリオとか、納戸神のようなものがいくらか出てきます。生月《いきつき》（平戸）などのように最近まで同じ信仰を伝えてきたとかそういったことはありませんが、こういうことから納島や山城のあった唐見崎《からみさき》などにも潜伏キリシタンがいたのだろうといわれています。何代かに渡って残っていたということなんでしょうね。でも代が替わっていくうちに、ほとんどが仏教徒になってしまったと思われます。ここは仏教が盛んで、たいていの宗派のお寺があります」

　現在の小値賀の町民にとって、キリスト教はあまり近い存在ではない。もともと小値賀の人ではない土川さんがなぜ教会を守っているのか、ご自身の話を伺った。

　元々シスターだった土川さんは、当時入っていた修道会とご自身の生き方との齟齬を感じて、信州にあるドミニコ会の神父が始められた高森草庵で修行をされていた。その頃に野崎島で隠遁生活を送るというスペイン人の神父等の世話をするためにここ小値賀へやってきたという。

「小値賀がどこかも知らなかったんです。隠遁者についてきてはじめて長崎県にあったとわかりました。小値賀本島に住みながら、何かあった時は手伝うということで、三ヶ月たったら帰っていいよといわれていたのですが、来てみたらあまりにいいところ。もう帰りたくありませんと、そのまま四十年経ってしまいました。もうどこにも行きたくないですね。でも神様の御心であれば、旅をしなければならない時もくるかもしれませんけど。それは御心のままに、と思っています。自分の意志ではどこにも行きたくありません」

　廃村になった野首や舟森には、その後フランスやスペイン、ポルトガルの神父や修道士、修道女が度々やってきて、隠遁生活を送っていたそうだ。しかし台風で小屋が飛ばされたりと、自然の厳しさにはあらがえずにみな去って行ったという。

　小値賀の魅力に取りつかれた土川さんは、畑を耕し、薪で風呂を沸かし、つつましい日々を送っている。

「五右衛門風呂なんですよ。焚き口が家の中にあるから、冬も暖房がいらないし、そこで料理もします。薪もそうですが、魚や野菜もたくさんとれたら近所の人が置いていってくださる」

　小値賀の人たちは、都会に住む私たちが失った、ご近所での助け合いが当たり前の生活を送っている。

上・中左／舟森から運ばれた聖母子像と小値賀教会。
中右／土川幸子さん。
下右／野首の集落に残されていた、幼子イエスを抱くヨゼフ像（小値賀町歴史民俗資料館蔵）。

# 布教の背景

十六世紀半ばにフランシスコ・ザビエルが鹿児島の地を踏んでから、百年も経ずしてその信教を禁じられたキリスト教だが、戦国の世にあえぎ救済を求める人々へと浸透し、入信者は二十万〜四十万人にのぼったという。当時の人口を考えれば相当な割合だ。その広まりの背景を繙き、人々の心を動かしたものはいったい何だったのか考えてみよう。

## 西欧列強とローマ教会、東方へ

時は戦国時代、諸国の覇者をめぐって群雄割拠の日本。一方ヨーロッパは大航海時代。ポルトガル・スペイン（イスパニア）両王国は、世界を二分しようと未踏の地へ繰り出していった。それを支えていたのは、宗教改革によってその権威を脅かされていたローマ教会である。プロテスタントに対抗してカトリックの起死回生を図るため、海外に活路を求めて多くの宣教師を送り込んだのだった。

そしてインドを拠点にしていたポルトガルの船がついに日本へ到達。平戸をはじめとする九州各地の領主たちは、鉄砲や火薬、西欧の珍品など貿易の富を求めて南蛮船を歓待し、その利益と引き換えに、キリスト教の布教を許した。

## 布教の礎を築いたイエズス会

日本の布教の先鋒を担ったザビエルはイエズス会の主要なメンバーの一人だった。イエズス会は当時の腐敗したカトリック教会の改革をめざして、ザビエル、イグナチオ・デ・ロヨラらが設立した急進的なグループである。そして、世界の隅々までキリストの福音を伝え、人々をカトリックに導こうという使命のもとに、宣教師たちは活動した。

聖書によれば、イエス・キリストは進んで貧民、重病人、癩者のもとを訪れ、神の愛はこの世で苦しんでいる人に与えられると説いた。このイエスの宣教の原点に立ち戻ろうとするのがイエズス会の趣旨であった。

ザビエルら日本にやってきた宣教師たちは、布教を広めるために支配層を取り込むことを

大村純忠によって開港された横瀬浦の沖に浮かぶ八ノ子島。ポルトガル船が目印にしたという十字架が再建されている。

**西欧列強とローマ教会**

- 1494 スペインとポルトガルで世界を二分するトルデシリャス条約締結
- 1498 ヴァスコ・ダ・ガマ、インドに達す
- 1510 ポルトガル、ゴアを占領
- 1517 ルターの宗教改革始まる（プロテスタント成立）
- 1534 イエズス会設立
- 1542 ザビエル、ポルトガル国王の命を受けゴアに赴任

戦略としながらも、貧しい農漁村の民や、病人、孤児、卑賤民たちにも厚く教えを説き、救貧、救癩、病人の治療など献身的な活動を行なった。

また、長崎、豊後府内（大友宗麟《そうりん》が庇護）、山口（ザビエルが一時活動の拠点とした）の病院にはミゼリコルディア（慈悲の組）が組織され、信徒たちの奉仕によってこれらの慈善事業が支えられた。ミゼリコルディアやのちのコンフラリア（信心会）などは強い結束力となって、潜伏キリシタンたちを支えていくこととなる。

## ●ルイス・デ・アルメイダの功績

商人であったルイス・デ・アルメイダは思う所あってイエズス会に入会する。そして商人時代に得た莫大な私財を投じて、豊後をはじめ各地に孤児院や病院を設立。医療の知識もいかして自ら治療を施し、孤児、寡婦、貧者、病人、癩者の救済に力を尽くした。現在も大分市にアルメイダの名を冠した病院がある。晩年は天草での布教に大きな貢献をし、この地で没した。

## ●既存の宗教との軋轢

領主をはじめとする集団改宗がなされた集落や、大村純忠《すみただ》、有馬晴信など各地のキリシタン大名の治下などでは、多くの地で神社仏閣、仏像や神像などが破壊された。これは、唯一の神＝デウスのもとに世界が創造されたとするキリスト教の教理に反するとして神仏などを異教とし、それを廃することを教える宣教師のもと、偶像崇拝を根絶することが信仰の証であるというキリシタンたちの極端な行ないであった。しかし、神仏をうまく習合させてきた日本人の感覚とは相容れないものでもあり、キリシタン以外の人たちとの軋轢を生む一因ともなった。

のちに巡察師ヴァリニャーノは、これらの行き過ぎた行為に対して日本の文化を尊重する適応策を進めた。

長崎最初の教会、トードス・オス・サントス教会が建てられた春徳寺の近くにあるルイス・デ・アルメイダの渡来記念碑。

### イエズス会と日本

| | |
|---|---|
| 1549（天文18） | ザビエル鹿児島に上陸 |
| 1550（天文19） | ザビエル京へ赴くが天皇に謁見ならず。山口で布教 |
| 1551（天文20） | ザビエル、日本を去る |
| 1557（弘治3） | アルメイダ、豊後に病院創設 |
| 1569（永禄12） | 長崎にトードス・オス・サントス教会建設 |
| | フロイス、二条城で織田信長に謁見 |
| 1580（天正8） | 大村純忠、長崎をイエズス会に寄進 |
| 1581（天正9） | ヴァリニャーノ、信長に謁見 |
| | 安土にセミナリヨ設立 |
| 1582（天正10） | 天正遣欧少年使節、出発 |
| 1587（天正15） | 豊臣秀吉、伴天連追放令 |
| 1590（天正18） | 天正遣欧少年使節、帰国 |

### 南蛮貿易と開港

| | |
|---|---|
| 1542（天文11） | ポルトガル人、種子島に鉄砲を伝える（または1543） |
| 1550（天文19） | ポルトガル船、平戸に入港 |
| 1561（永禄4） | 平戸で商人同士の争いからポルトガル人14人殺害される |
| 1562（永禄5） | 横瀬浦開港 |
| 1563（永禄6） | 大村純忠、受洗。フロイス横瀬浦に上陸 |
| 1567（永禄10） | ポルトガル船、口之津に入港 |
| 1570（元亀元） | 長崎開港、翌年ポルトガル船入港 |
| 1584（天正12） | スペイン船平戸に来航 |
| 1600（慶長5） | オランダ船、豊後に漂着 |
| 1609（慶長14） | 平戸にオランダ商館設置 |

# 二十六聖人の殉教

織田信長、豊臣秀吉ともに、ポルトガルとの貿易の利もあって布教を容認していたが、秀吉は掌を返したように一五八七（天正十五）年、伴天連追放令を出す。そして数々の思惑が渦をなす中で行なわれた宣教師やキリシタン二十六人の処刑。彼らの殉教は世界中を震撼させた。その後、布教を伴わないオランダやイギリスとの窓口ができるに従って、江戸幕府は次第に禁教へ向かっていく。そして過酷な迫害のもと各地で多くのキリシタンが殉教した。

## フランシスコ会宣教師と秀吉

西回りで世界を回ってきたスペイン船はポルトガルより遅れて来航した。スペイン船と共に布教活動をしていたフランシスコ会宣教師のペドロ・バプチスタが来日したのは一五九三（文禄二）年。伴天連《ばてれん》追放令以後イエズス会は活動を控えていたが、バプチスタは公然と布教活動を行なった。フランシスコ会の活動は質素な身なりでの辻説法を主としていたため、しばしば僧侶との争いもあった。さらに、適応策をとり日本の礼節を重んじるイエズス会とは異なって、身なりも改めずに謁見の席に臨むなどの行為も、フランシスコ会宣教師に対する秀吉の心証を損ねる一因でもあった。

## 二十四人の捕縛

一五九六（慶長元）年、スペイン船サン・フェリペ号が台風で土佐に漂着。これが二十六聖人殉教へとつながっていく。その直接的な要因は、スペインの世界征服の野望とそれを先導するのが宣教師だと耳にした秀吉が激怒したため、生存者のいる漂着船の積荷押収を正当化するため、など様々いわれている。いずれにしても伴天連追放令を持ち出して、宣教師やキリシタンの処刑を命じたという。捕縛されたのはフランシスコ会宣教師六名のほか、フランシスコ会の教会や病院などに居合わせた日本人のイエズス会修道士三名と料理番や大工など一般信者も含む二十四名であった。

## 大坂から長崎まで約一ヶ月の引き回し

二十四名は片耳を切り落とされ、長崎まで八百八十キロの道のりを約一ヶ月かけて徒歩で向かった。道中に二名が加わり、二十六名となる。信仰のために殉教することを喜びに思っていた彼らの顔には笑みがもれていたという。

処刑の場となったのは長崎の西坂の丘。イエスが処刑されたゴルゴダの丘を思わせるこの丘でという信者の申し出があったためだといわれている。そして四千人を超える見物人が見守る中、十字架に架けられた二十六人のある者は信仰を高らかに口にし、ある者は聖歌を歌い、ある者は深い祈りを捧げていたと、

長崎市、西坂の丘に、26人の列聖から100年目の1962（昭和37）年に建てられた日本二十六聖人殉教記念碑。彫刻家舟越保武による、帰天する26人の姿を現した等身大のブロンズ像がはめ込まれている。

その様子を書き記した記録がいくつも残されている。

一五九七年二月五日のこの出来事は海を渡り、古代ローマの迫害以来の大殉教だとヨーロッパ各地に驚きをもって伝えられた。

## 禁教の時代へ

当初は布教を容認していた江戸幕府だが、一六一二（慶長十七）年のキリシタン大名有馬晴信を貶めた収賄事件以後、キリシタンに対して態度を硬化していく。まず幕府直轄地の禁教令を出したのち、一六一三（慶長十八）年に全国に発令。長崎や京都の教会などの施設を一斉に破壊。その後、キリシタンの探索と弾圧を強化していき、元和年間の大弾圧で多くのキリシタンが殉教した。

キリシタンたちにとって殉教は、死後はパライソ（天国）の神のもとで幸せになるという救いの道でもあった。

### 各地での殉教

1619（元和5）　京都で52名
1622（元和8）　長崎の西坂で55名（元和の大殉教）
1623（元和9）　江戸、芝口札の辻で50名
1627（寛永4）　雲仙で26名
1639（寛永16）　仙台藩の大籠、この年から数年間で300余名

原城跡。一揆鎮圧のあと、城は徹底的に破壊されてそのまま放置され、現在は農地が広がっている。1992（平成4）年からの発掘調査で、鉄砲の玉を加工した十字架や、大量の人骨などが出土した。城跡には様々な時代の様々な宗派による慰霊碑などが建てられている。中でも眼をひくほねかみ地蔵は、一揆の130年後に地元の願心寺と各村の庄屋たちが、敵味方の区別なく遺骨を集めて建立したもの。天草四郎の墓石は西有家町の民家の石垣の中から移した。

天草四郎の像。

ほねかみ地蔵。

天草四郎の墓石といわれている。

原城跡に建てられた十字架。

キリスト教の広まりと弾圧の歴史

# 島原・天草一揆

三代将軍家光は、キリシタンの根絶をめざし、禁教を強化、徹底させていく。オランダ・中国・朝鮮のみを貿易の窓口とする「鎖国」を実施、宣教師の追放、日本人の海外渡航や帰国も禁じた。こうした中、各地で行なわれたキリシタンの処刑など、弾圧が過酷を極めていく中で起こったのが島原・天草一揆だった。

## ●島原と天草で領民が蜂起

一六三七（寛永十四）年は、数年前からの相次ぐ自然災害に三年来の飢饉などが重なって多くの餓死者が出ていたにもかかわらず、過酷な年貢の取り立てが続く、島原農民たちにとっては厳しい年であった。

この状況を乗り越えるため、島原・天草の帰農武士たちが話し合いを進めていたさなかのこと。口之津《くちのつ》で年貢を納めきれなかった妊婦が拷問死するという事態に刺激された人々が次々に蜂起した。

そして、棄教した多くのキリシタンが立ち帰り（棄教者が再びキリシタンに戻ること）、彼らを中心とした一揆勢は、周辺の村々にも立ち帰りを強制。寺社への放火、僧侶や神官の殺害など異教の撲滅を図ったという。

かつて宣教師が残した「神の子が現れて人々を救う」という予言を基に担ぎ上げられたのが天草四郎であった。

海に向かう三体の石像。

## ●八十八日間におよぶ原城籠城

島原、天草とも攻防は一進一退となり、天草の一揆勢は島原に合流。その数三万七千人ともいわれている。一揆勢は廃城となっていた原城に籠城。聖杯と天使が描かれた陣中旗の下で、十二万もの幕府軍と相対した。

天草四郎は、籠城して戦うことが神の教しを受けることになり、死後の救済につながると説き、人々を先導したという。しかし八十八日間の攻防の末ついに陥落。女子どもまで全員が命を落とした。

島原・天草一揆は、のちの時代まで強烈な印象を残し、キリシタンといえば徒党を組んで一揆をなすものといったイメージが作られるようになった。そして天草四郎の子孫を騙《かた》って騒ぎを起こすもの、妖しげなものなどはみな異宗であるキリシタンとして処理されるなど、様々な騒動の呼び水ともなっていく。

# 弾圧と「崩れ」

## ●キリシタンの取り締まり強化へ

室町・戦国時代の一向一揆など、信仰のもとに団結した人々への脅威もあった幕府は、島原・天草一揆のあと、キリシタンの取り締まりを一層強化する。

全国でキリシタンを探索し、根絶を図ることを目的に、一六三五（寛永十二）年に始められた寺請制度を徹底するため、宗旨人別帳を作成し、それをチェックする宗門改めを実施。さらに類族帳を作成して転んだ（棄教すること）キリシタンの子孫代々まで監視するなど、民衆の隅々まで厳密な統制を行なった。時代が下ると共に次第に処刑ではなく、絵踏みと拷問によって「転ぶ」ことを強要するようになる。

## ●「崩れ」と呼ばれる迫害

潜伏してキリシタンを信仰している集落や地域が露顕し、厳しい弾圧・迫害が行なわれた。これらを「崩れ」と呼ぶ。

かつて大村純忠のもと多くの領民がキリシタンとなっていた大村藩の郡《こおり》村では、長崎奉行により六百八人が検挙。九十九人が釈放されたが、取調べ中に七十八人が死亡、二十人が永牢（終身刑）、四百十一人が斬首されるという極めて過酷なものであった（人数は諸説あり）。（天草崩れは90頁、浦上四番崩れは112頁、五島崩れは42頁参照）

### 主な「崩れ」

1657（明暦3）　郡崩れ
1660（万治3）　豊後崩れ
1661（寛文元）　濃尾崩れ
1790（寛政2）　浦上一番崩れ
1805（文化2）　天草崩れ
1856（安政3）　浦上三番崩れ
1867（慶応3）　浦上四番崩れ
1868（明治元）　五島崩れ

郡崩れで処刑されたキリシタンのうち大村で斬首された131人は、首と胴体が離れた場所に埋められた。その近辺に首塚（左）、胴塚（上）として殉教顕彰碑が建てられている。

# 各地に残るキリシタン墓地

長崎から天草には無数のキリシタン墓地が点在している。初期のものはラテン語の文字や十字架が刻まれ、日本の様式とは程遠い。禁教の時代になると、表向きは仏式の墓で隠れたところに十字架を刻んだり、自然石を寝かせただけの墓石とも思われないものが林の中に置かれていたりする。一見粗末にも見えるが、これだけの大きさの石を人力で運び入れたことを考えると、当時としては立派な墓だと思う。

上／長崎市多以良（たいら）町垣内のキリシタン墓地。近年発見されたもので1600年代中頃の特徴を示しているという。
右／島原半島の西有家にあるカマボコ型のキリシタン墓碑。ローマ字が刻まれたものとしては日本最古。1610 年の記載がある。

天草市五和（いつわ）町の林の中にある「ペーが墓」。12基が残されている。「ペー」とは洗礼名だともいわれているが、諸説ある。中には十字の刻まれたものもある。

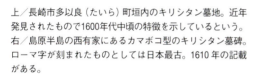

Ⅲ

# 平戸

## 歴史を刻むキリシタンの聖地

生月島《いきつきしま》の東の沖に浮かぶ聖地・中江ノ島。
そこはかつてキリシタンたちが処刑された島。
ある者は聖歌を歌いながら、
ある者は「ここからパライソはもうそう遠くない」と、
天国を思い、心を奮い立たせて
処刑地へ向かったと伝えられている。
いつからか、ここは聖地として崇敬を集め、
キリシタンたちが聖なる水を汲む島となった。
平戸周辺の生月島、度島《たくしま》、
平戸島の西岸の村々は、いち早く
洗礼を受けた領主のもと、領民たちが
一斉改宗したキリシタンの地であった。

生月島から舘浦（たちうら）漁港越しに
中江ノ島を望む。

# 伝説に満ちる里、根獅子

根獅子の浜と昇天石。

## 薄れつつある信仰の記憶

平戸島の西海岸のほぼ中央に位置する根獅子《ねしこ》は、春日《かすが》の集落と共にかくれキリシタンの里として、近年まで先祖代々の信仰をつないできたところだ。この集落では明治以降カトリックに戻ったものはいないという。

「長い間に風化はあったけど、ちゃんとこちらのほうでお祈りをしていましたから、カトリックの教会に行く必要もなかったんでしょう」

そう話す瀧山直視《ただし》さんは、十六世紀から続く信仰を受け継いだ最後の世代、かくれキリシタン最後の水の役の一人だ。瀧山さんは、薄れつつある歴史の記憶をつなぎ止めようと、根獅子で次代へ語り継ぐ活動をしている。

根獅子の集落では、元目付《めつけ》（平戸藩が配属した宗門目付。キリシタンの監視・取り締まりを行なう）の家など二戸ほどを除いてほとんどがかくれキリシタンの組織に入っていた。信教の自由が保障される時代になってからは、潜伏時代からの隠れ蓑であった仏教に帰依してやめる人もいたが、それでも瀧山さんが現役の頃は七名の水の役それぞれに二十四、五戸の信者がいたそうだ。町民のほとんどといってよく、町ぐるみで信仰していたというような状態だったという。

ところが、一九九二（平成四）年、組織をまとめる水の役の後継者がなく、やむなく解散した。今、町民はみな仏教徒になっている。

## 美しい浜の凄惨な歴史

約一キロほど続く根獅子の浜。その中ほどに、引き潮で全容を現す大きな石がある。

「あの石が昇天石です。古くからのいわれを知らない海水浴客たちは平気で登ったりしてますけど……」

この美しい浜には悲しい歴史がある。

一六三五（寛永十二）年、江戸幕府が日本人の出入国を禁止し、寺請制度がはじめられた年のこと。根獅子の潜伏キリシタン七十余名が処刑された。処刑はこの石の上で行なわれたともいわれ、白い浜は処刑者の血で真っ赤に染まったと言い伝えられている。そして彼らの魂がこの石の上から天に昇っていったという。

「私はこの隣村の生まれですが、そこの浜にもやはり同じようないわれがあり、小さい頃、絶対にこの石に登ってはだめだよといわれました。またその石に登ると大風が吹いて海が荒れるともいわれました。きっと大風が吹いた時などに遺体が流れ着いたりしたんでしょう。

あの昇天石で処刑されたのかどうか本当のことはわかりませんが、あの石の上に金の鎖につながれたゴンドラが天から降りてきて、それに乗って魂が天に昇っていったという言い伝えもあります」

いつからかこの浜は聖地として語り継がれてきた。

瀧山さんは海岸から後ろを振り返り、こう語った。

「あのマリア像が立っているあたりに木があるでしょ。そのこんもりしているあたりに教会が建っていたらしいんです。この根獅子と、両隣の獅子《しし》、飯《いい》良《ら》と三ヶ所に教会があって、その三つが見えたという記録があるんです。でも三ヶ所同時に見えるところなんてないんですよ。地形的に陸からは絶対に見えないので、海から見えたということを記録したんじゃないかと私たちは考えています」

教会は今は跡形もない。かつてキリスト教が布教され、禁教令がしかれる前のこと。四百五十年も前のことだが、瀧山さんはついこの間のことのように話をする。

「いまはすっかり藪の中ですが、そこに上がっていく細い道があったんです。参道ですね。私たちは寺の坂と呼んでいます。その昔、元々あったお寺のご本尊などを出してそのまま教会にしたのです。その南蛮寺（教会）への坂か、その前のお寺への坂かわかりませんが、昔からそう呼ばれています」

現在は畑となっているが、発掘調査で住居跡も確認されている。そしてこのあたりは神聖視され、昔から田畑に人糞などを撒いてはならないといわれてきた。

「向こうに見える三角の小高い山がニコバの山。昔は日照りの時に水の役などが雨乞いに行ったりしたといわれている聖地なんです。そこには平たい石があると聞いているんですが、まだ確認した人がいないので、今度探検してみようと話しているんですよ」

この山には名のわからない殉教者の遺跡もあるという。また、いつまで行なわれていたのか不明だが、水の役たちはこの山で三日三晩祈りを捧げ、雨乞いの儀式をしていたのだそうだ。しかし長い間ここに足を踏み入れた者はいない。

ここでは昔から、聖なる山ニコバの方角、南に頭を向けて埋葬した。

ニコバとはいったいどういう意味なのだろうか。カタカナでニコバ、当てる漢字もわからないという。

キリシタンの名残がいくつも残る一方、浜辺の一端に八幡神社もある。あまりにもキリシタンが多いので、特別にここに八幡神社を鎮座させたという。今でも毎年十月に例大祭があり、白木の大きな神輿が出る。

そして八幡神社からつながるなだらかな砂浜の南端の岬を「ジョウドの鼻」という。この「ジョウド」とは何かということが地元でも話題になったそうだ。

「港だったらふつう常灯でしょ。それがなまってジョウド、ともいえるけど、ここは聖地だから、仏教でいう極楽浄土の『浄土』じゃないかっていう話になりました。もちろん推測ですけど、昔の人が『浄土』って書いたものも残っていたりします」

つまり、神社を祀り、極楽浄土に思いを託し、キリシタンの伝統をつないできたということだ。極楽浄土は、キリスト教の天国で救われるという来世利益に通じていたのだろう。そして普段は八幡神社にもお参りするし、お寺にもお参りする。潜伏時代の隠れ蓑の名残であるが、この地ではこれらの宗教が何の違和感もなく同時に存在している。

「ウシワキの森」の中に佇む祠、「おろくにん様」。

## 村人をかばったおろくにん様（ウシワキ様）

浜から五十メートルほど陸へ上がったところにある聖地「ウシワキの森」。「ウシワキ」とは地名の「大石脇《おおいしわき》」が訛ったもの。

ここは根獅子の浜で処刑された人たちを埋葬した場所だといわれている。近年の発掘調査で、キリシタンであることを示す伸展葬で埋葬された人骨が発見された。さらに古くは弥生時代の人骨も出土しているというから、累々と土地の記憶が積み重なっている場所だ。

「私が小学生の頃、よくここで遊びました。砂遊びをしていて砂の中からあごの骨とか人骨が出てきたこともありました」

この森の中には、「おろくにん様」または「ウシワキ様」と呼ばれる祠がある。昔の人は、このあたりを通る時は草履を脱いで素足で歩いたという。その崇敬の念は今でも地元の人たちにとっては変わらない。

「私たちは今でもここから素足でお参りをします。今はかくれの組織も解散して信仰そのものはないんですけど、お参りだけはします。ここらの人は初詣には必ず八幡神社からここによって手を合わせます。あとは重病人が出て手術をするなどという時もここへお参りします。あそこに見える布は願成就のお礼なんですよ」

「おろくにん様」にはいくつかの説があるが、根獅子の里人たちをかばって殉教した六人の家族だという次のような話が一番有力な説だとされている。

他所からやってきて住み着いた男を気に入った夫婦は、三人娘の長女の婿として迎え入れた。娘が身籠ったので、もう隠し立てをする必要もなかろうと、自分たちの信仰を男に打ち明けた。だが翌朝、男の姿はなく、代わりに役人が一家を捕らえにやってきた。一家はこの村でキリシタンは自分たちだけだと村人をかばい、お腹の子どもを含めて家族全員が処刑された。海に投げ捨てられた遺体は浜に流れ着き、村人はその遺体を手厚くここに葬ったのだという。

「命日は旧暦の八月二十六日です。以前はほとんど村中でお参りに来ました。それも夜中にそっとです。私も水の役を受け持ってからは、家族、子どもたちも連れてずっと参っています」

## お水取りと正月

瀧山さんが水の役を務めた頃には、洗礼や田植え時期などの農作業のお祈りなど、やらなくなってしまったものもずいぶん多く、だいぶ簡略化されていて、年間四、五回の行事とお葬式の時のお祈りなどだけを行なっていた。

一番大変な行事は、正月の行事だった。水の役は、十二月二十日頃から一月十日頃までは不浄なものには一切触れてはならず、座敷に籠もって身を清めた。その間、牛の餌やりなどもできず、食事もねぎ、卵、肉は食べられないなどいくつもの禁忌があり、そのために家族中がその間犠牲になった。

元日の早朝、朝五時前のお水取りは特にきつかった。

「家で水垢離をして身を清めてから聖水を汲みに行くんです。水垢離のあとは体を拭かず、そのまま肌着を着て、お祈りをしながらストーブで頭を乾かしたりしました。そして和服に下駄。足袋もズボン下なんかもはきません。足は冷たいというより痛いぐらいです。それで一年分の聖水を汲んできて小さな聖水瓶に小分けし、正月の各家の清めのためや、一年の行事などに使うんです」

お水取りの場所は、禁教前の教会があった高台の下のあたりにある。藪をかき分けて少し上がったところだ。そこの地面を少し掘ると水が湧き出してくる。ウシワキ様の井戸とも呼ばれているが、井戸という形はない。

「七人の水の役が順番に汲んでいき、汲み終えて下っていくと朝五時のサイレンがなったものです」

お水取りの時は人に見られることはタブーとされていた。元日の朝なので八幡神社にお参りに来る人と途中で行き会うこともあるが、もしも人に出会

お水取りをする「ウシワキ様」の井戸の湧水口。

瀧山直視さん。

えば、家に戻って水垢離からやり直しだったのだそうだ。しかしそれも大変だということで、人に会って挨拶されても、無視をして会っていないということですませるようになっていたという。

「不思議なことに、この水は一年間、腐らないんですよ。その日に使う分だけ小さい聖水瓶に小分けして、竹で作った刷毛みたいなものを聖水瓶に入れてポタポタと十字を切るんです」

信仰の篤い人は飲むかもしれないという、一年間腐らない水。元日の早朝だから新年の若水取りみたいなものだと瀧山さんはいった。

元日の早朝に聖水を取りに行ったあと、昼までは総元締の辻家でお祈りをする。その後夜中の十一時ぐらいまで、各家々を回りお祈りをする。すべての家を回りきるのに数日かかった。各家々では御神酒の他、家によっては無塩の魚、お吸い物、お雑煮などもふるまわれた。

「正月の間、水の役は神になりきったんです。そして家々を回ると『お神様が来た』って迎えられました」

## 最後の水の役、組織の解散

根獅子町は惣代のもとに自治的な組織でまとまっている。かくれキリシタンの組織は辻家を総元締として、指名を受けた七名の水の役が、正月や葬式など一年の行事や儀式の時のお祈りやお祓いをする役割を担った。町は四地区に分かれ、それを触《ふれ》と呼び、触の中の四〜五軒で小組を作っていた。

辻家は代々一子相伝で、当主が総元締として四百年間根獅子のかくれキリシタンの組織をまとめてきた。どういういわれがあってそうなったのかはわからないという。

「我々はかくれキリシタンそのものを『辻の神様』といっとりました。かくれキリシタンともいわれんですから。辻家が宗家ですからね。水の役になると辻の神様のお役をもっとるねといわれていましたよ」

この水の役は、辻家と話し合って後継者を推薦し、惣代からその人たちにお願いをするという。つまり町から指名されるという形をとった。

「これはれっきとした町の役ということです。この役はそれに専念しないと体がもたんということで、昔は水の役を受けたら他の役は全部パスでした」

それでも、お役のきつさからか次第に水の役を引き受ける後継者がいなくなる。一人減り、二人減り、七人から三人となった。一九九二（平成四）年、ついには解散やむなしということに。

「その年の四月の第一日曜日に開かれた町の集会で皆さんにお願いをして、四月の二十九日をもって最後のお祈りをして解散するということになったんです……」

この時、百四十〜百五十名ほどがかくれの信仰のもとにいたという。

「正直いって、みんなもほっとした面もあったのじゃないかと思うんです。お正月に各信徒さんの家々を回るのはなかなか時間通りにはいかないし、そうすると待っているほうも予定が立てられない。また水の役はきつくて大変だって知っているから後継者も出てこない。だから解放されたという気持ちが大きかったんじゃないでしょうか。もちろん、続けるためにいろいろ改革しようっていう試みはあったんですよ。もっとみんなで楽しくやっていこうと魚釣りを企画したり。でもちょっと遅かったんでしょうね……」

時代に合わせて改革して継いでいこうという努力もされたそうだが、昔とちがってそれぞれ自分の仕事もあるし、二度とこういうきつい役をしたくないという思いもあったのだろう。結局は現代生活の中で、昔のままの形を続けていくのは難しいということだろう。

瀧山さんが飯良から根獅子に養子に来た頃は、ここにはきれいに組織が残っていたが、すでに周辺の集落では自然消滅していたという。

「根獅子の周辺地域では、大正時代ぐらいにはなくなったと聞いているんですが、根獅子から飯良に養子にきたじいちゃんが、囲炉裏端でお祈りをしていたという記憶はあるんです。それは十二月二十四日のことです。ソテツの葉を取りに行かされましたよ。ソテツの葉を神棚に飾って、お赤飯をにぎってお供えしていました」

組織は解散しても、個人の信仰はそう簡単には捨てきれなかった人もいるということなのだろう。

## 根獅子のオラショ

キリシタンの祈りの言葉、オラショは、生月（82頁参照）とは異なり、決して声に出しては唱えなかった。

「オラショははっきりと音《おん》には出しません。隣にくればボソボソいっているのがわかるくらいです。そして指で数えながらだいたい三十三回祈ります。

右手が一桁で左手が十の桁で指で数えながら唱えて、そして間に世間話を入れます。役人が来た時のカモフラージュの名残でしょう。

四地区の中に一戸だけサンジュワン様というのがあり、そこだけは倍です。さらに辻家にいけば日《ひ》半日《はんじつ》、朝七時から十二時くらいまでやっていますから、八百回ぐらい祈ったのを覚えています。その間ずっと正座です。八百回ぐらいボソボソボソボソとやって、もうよかろうと長の人がいったら、今度は辻家のご神体の方を向いて一礼して最後のお祈りをして終りました」

まさに潜伏時代の祈りの形をそのまま続けていたのだろうか。

「オラショを知っている人はもうほとんど亡くなっています。水の役に上がった人はどうにか覚えているかもしれませんが、私も忘れてしまった部分もあるし、最初から最後まで何も見ずにはお祈りできません。やめてもう二十年以上になりますからね。

私たちの信仰は、元々はキリスト教だったけれども、長い間に風化したというか、土着の信仰になったという感があるんです。本来のキリスト教とかけ離れた面もあるけど、ちゃんと四百年守ってきた。それが自由な時代になって解散したというのもおかしな話ですね。

この地元のガイドの組織を作った時に、おそらく神がいれば神が私に指名しただろうと妻にいわれました。だから、これを語り継いでいくのは私しかおらんと、そういう気持ちでガイドをやっています」

最後の水の役の一人として長い伝統が失われる瞬間に立ち会った瀧山さんは、語り部として次代に継ぐ責務を感じているのだろう。

根獅子のかくれキリシタンが大切に受け継いでいたメダイ。
平戸市切支丹資料館蔵。

# かくれキリシタンの信仰の形

平戸一帯では、納戸神《なんどがみ》という形をとってキリシタンのご神体などを祀っていた。普段は家のものも立ち入らない、いわゆる納戸にお祀りし、秘かに礼拝して弾圧を逃れてきたのだ。この地域の多くは床の間や仏壇の脇に格子の扉があり、そこにある戸棚にご神体を納めていたそうだ。瀧山直視さんはいう。

「たとえば一間の床の間の隣に箪笥を入れるところがあってその上に大神宮を祀り、その隅っこに黒い箱があったらたぶんそれがご神体です。もしくは仏壇が三尺あってその隣に一間の黒い格子戸、これを舞良戸《まいらど》というんですが、そこの戸棚にあるのがご神体です。また柱をくりぬいて、柱の中に隠している家もありました」

納戸神は持っている家も持っていない家もあり、小組という小さなグループごとで持っている家に集まっていたのではないかという。ご神体はお掛け絵（83頁）が一番多いのではないかという話だが、十字架を持っているところもあり、お札様（写真5）や、あるいはオテンペシャ（写真2）、メダイ（79頁）のところもあるといい、それぞれ違うのだそうだ。

もちろん、それぞれのご神体がいつごろのものなのか、何年ごろその家に伝わったのかということははっきりしない。

「ただ、明治になって禁教が解かれるよりももっと前からご神体として持っていたのはたしかです。明治以降のことだったらある程度言い伝えられて残っているはずですので。

私個人の考えでは、宣教師たちが追放される時に、信者の方にそれぞれ自分の持ち物を渡したんじゃないかと思うんです。だからそれぞれの家庭でご神体が違う。ある家では、たぶん宣教師の帽子だと思うんですが、帽子がご神体で、それを病人に煎じて飲ませるために切っていたという話も聞きました。

私の実家はオコンタツ様（十字架）でした。象牙の十字架ですが、首にかけるロザリオではなくて手に持つものです。これは鑑定してもらったところ、おそらく海外から来たものだろうということです。父親から聞いた話ですが、重病人がいると、家のオコンタツ様を新しいタオルで巻いて、新しいわらじを履いて病人の枕元まで行きよったということです」

ご神体はまだ自宅で持っている家も多く、今でもなかなか人には見せないという。

「人に見せるもんじゃないと、オープンにしたらバチが当たるとかいって。とても粗末にはできませんから」

総元締の辻家でも当主しか見られないので、誰も辻家のご神体がなんであるか、今でも知らないそうだ。禁教が解けても人に見せてはならないという慣習はそのまま残っている。

これら地元の各戸に伝えられてきた納戸神などキリシタンの遺品の一部は、この地にある「平戸市切支丹資料館」にも保存されているが、まだ今でも各戸それぞれで先祖代々伝えられてきたものとして大切に秘されているものも多いそうだ。

4

根獅子のかくれキリシタンのご神体など信仰を伝える品々。すべて平戸市切支丹資料館蔵。
1／聖フランシスコが描かれた紙片。鍵のついた羊皮紙製の箱に入っていた。
2／オテンペシャ。麻縄を束ねたもので、本来は苦行の笞だったが、悪霊払いや病魔払いなどにも使われた。その後ご神体として祀られるようになったもの。

1

5

2

3／おまぶり。白紙を5〜6cmの十字に切り抜いたもの。キリシタンのお守りとして使用された。
4／ご神体として祀られていた御像。
5／お札様。正月にこれで吉凶を占った。昭和30年代初期ぐらいまでは行なわれていた。

3

生月はかくれキリシタンの信仰の形を今に伝えている他に類を見ない場所だ。平戸松浦氏の家臣、籠手田《こてだ》氏と一部《いちぶ》氏が治めていた生月島は全島キリシタンの島となり、伴天連追放令が出された時は宣教師たちが生月に集結するなど、布教の拠点ともなっていた。

そして信仰と藩主への忠義とのせめぎあいの中で領主・籠手田安一と八百人以上の領民が長崎へ脱出したあとは、教会の破壊などキリシタンの制圧が行なわれたが、残された人々の篤い信仰は薄れることがなかった。

明治になるとカトリックの再布教が行なわれるが、島民の多くはカトリックに復帰しなかった。カトリックになると仏壇などを破棄しなければならない。「ご先祖様の祭祀をこれまで通り続けていくためには、以前からのかくれキリシタン信仰のかたちを継続する必要」(中園成生『かくれキリシタンとは何か』)があったためだという。

ところで、この生月のかくれキリシタンの信仰には、野外での行事もあるし、祈りの言葉、オラショも声に出す。他の地域のように、隠れて見つからないように秘かに信仰していたというの

## 布教当時の信仰を今に伝える島、生月

上／幸四郎様（パブロー様）。取り締まりのために来た役人が失明したが、キリシタンの看護により回復したため改宗し、最後に殉教したと伝えられている聖地。
下右／黒瀬の辻殉教碑。布教時代、この地に大きな十字架が建てられ、1000人を越す人々が聖歌を歌い行進したとされる。1609（慶長14）年に生月島の指導者、ガスパル西玄可（にしげんか）がこの地で処刑された。
下左／焼山（やきやま）のお堂。布教時代に教会が建っていた場所で、地元の信者が行事を行なう。

とは、だいぶイメージが異なる。ここは「辺鄙な島にこもって信仰を続けていたわけでも、貧しかったわけでも」（前掲書）ないという。生月は日本最大規模の捕鯨業が行なわれ、島としてもかなりの経済力があった。その恵まれた環境の中で、生活の一部として信仰が溶け込んでいたのだろう。

さらに驚くべきことは、生月では様々な儀式のやり方や、オラショそのものに布教当時の形が色濃く継承されているということだ。長い潜伏期を経て、明治から昭和へと伝えている間に変化してしまうのは想像に難くないが、口伝えのオラショでさえ、十六世紀に伝えられた文言とほぼ一致しているものがあることが資料によって確認されているし、唄オラショ（御誦《ごしょう》）「ぐるりよーざ」は十六世紀スペインの一地方で歌われていたグレゴリオ聖歌と同じだということも解明されているのだ。このことは音楽に詳しい方ならばご存じのことかもしれない。

四百年の長きに渡って、代々信仰を守り続けてきた人々。その真摯な姿は現代の私たちが失ってきた大切なものを見せてくれているように思う。

上右／ご神体として祀られている「お掛け絵」。
上左／聖水を入れる「お水瓶」。

ダンジク様の行事。キリシタンの親子３人がダンジク（暖竹）の茂みに隠れていたが、海岸で遊ぶ子どもの姿を見つけられ、捕らえられて処刑された。殉教した彼らを祀る祠があり、毎年1月16日に行事が行なわれている。家にはお掛け絵を祀り、オラショを唱える。

## 春日の集落と、聖なる山安満岳

春日に広がる棚田。

生月島の対岸、平戸島の西岸には、春日、獅子、根獅子、飯良などの村々があり、それらはみな領主・籠手田氏と共に一斉改宗したキリシタンの里だ。

　生月大橋を見下ろすように位置する安満岳《やすまんだけ》と、その麓に広がる棚田の美しい春日の集落。懐かしい日本の田園風景だが、ここにもキリシタンの歴史がある。

　この小さな集落にも、布教当時、十字架や教会が建てられ、この浜に上陸した宣教師ルイス・デ・アルメイダは書簡の中で、丘の上（現在の丸尾山と考えられている）に立つ十字架へ続く道は聖体の行列を待ち受けているようだと記しているという。

　十六世紀から変らない景観を保って

安満岳の頂上から春日の棚田や集落と生月島を望む。

いる春日には、近年までかくれキリシタンの信仰が継承されていた。今でも各家々には様々な信仰の道具などが残されている。

安満岳は、古くから平戸一帯の山岳信仰の中心であり、平戸鎮護の霊山として崇敬されていたが、いつからか潜伏キリシタンの聖なる山として、また山頂の石祠は「安満岳の奥の院様」として信仰を集めるようになった。南側から登る石畳の参道のほか、西側の春日の集落からの参道もあり、生月島からもキリシタンたちが参拝に訪れた。

左・2点／石が積まれた参道と、入口の鳥居。
下／安満岳の奥の院。

# Ⅳ

# 天草

## 殉教の島に息づく信仰の証

羊角湾の入江にある﨑津集落。

天草の南西部、
深く切れ込んだ羊角湾《ようかくわん》には、
かつて南蛮船が来航した。
貿易と布教の拠点として栄えた
南蛮文化の名残は、
今はもうどこにもない。
島民のほとんどが
キリシタンだったという天草各地には、
禁教の間も守り続けた
信仰の証が今も残されている。

# 大江・﨑津に受け継がれたもの

## 天草のキリシタン

天草が九州本土と五橋《ごきょう》で結ばれたのは一九六六（昭和四十一）年のこと。現在は熊本県に属してはいるが、かつては長崎との結びつきが強かったという。

「天草小唄が唄われていた昭和の初め頃がいちばんにぎやかやった。ここ崎《さき》津《つ》には長崎や五島から毎日汽船が来よったです。五橋のできてから熊本とつながったような感じですたい。教会とのつながりも長崎のほうが深かです」

崎津教会の信徒の一人、山下富士夫さんはいう。

天草の三つのカトリック教会のうちの二つが、西海岸の崎津と大江《おおえ》にある。羊角湾の小さな入江にある崎津は、海と共に暮らしてきた人々の生活を窺い知ることのできる静かな漁師町だ。この漁師たちのほとんどがカトリックの信徒だという。

明治のキリスト教解禁後、いち早く教会ができたのは崎津の隣の集落、大江だったが、一部の人々はカトリックに復帰せず仏教徒として昭和の初め頃までキリシタンの風習を継いでいた。今富《いまとみ》には崎津よりも早く教会ができたが、水方を中心に復帰を拒み、かくれキリシタンとして昭和の初め頃まで信仰を守ってきた。また、神道のほうが自分たちの神の姿に近いといい、カトリックを拒んで神道になった集落もあったという。

天草では宣教師ルイス・デ・アルメイダの布教により五人の領主とその領民たちが次々と改宗し、キリスト教は全島に広まっていった。一五八八（天正十六）年に豊臣秀吉から天草を拝領したキリシタン大名、小西行長の時代には人口の三分の二がキリシタンだったといわれている。さらに一五九一（天正十九）～九七（慶長二）年に河内《かわち》浦《うら》（現・天草市河浦町）に置かれた神学校コレジヨでは、語学、西洋科学など、当時の最先端の教育がなされ、またグーテンベルグ印刷機による活版印刷も行なわれていたこともあって、天草は布教の拠点ともなっていた。コレジヨは天正遣欧少年使節たちが帰国後に籍を置いたところでもある。

その後の禁教下での圧政と弾圧に反旗を翻した領民たちによる一六三七（寛永十四）年の島原・天草一揆（66～67頁参照）のあとは、より厳しい取り締まりが行なわれるようになっていく。そしてキリシタンたちは表向きは仏教徒などを装いながら、秘かに信仰を続けていった。

崎津の隣町、大江もキリシタンの歴史の深いところだ。潜伏キリシタンの末裔として様々な遺物を伝えておられ

小高い丘から集落を見守る大江教会。

る大江の山下大恵《ひろしげ》さんに話を伺った。ご先祖は一八〇五（文化二）年のキリシタン弾圧、天草崩れの時に村役人をしていたそうだ。天草崩れから九年後に建て直された家は築二百年。その時に作られたかくれ部屋もそのまま残されている。

天草崩れでは、高浜、大江、﨑津、今富の四村の潜伏キリシタン五千人余りが摘発された。しかし年貢も納めているし、乱暴なものもいないということで、絵踏みだけで許されている。「先祖代々やってきた風習でキリシタンとは存じません」ということで、異宗の信仰、つまり「宗門心得違者」として収められたのだ。

「絵踏みの時は新しいわらじに履き替えて行きよったそうです。そして帰ってきたら、そのわらじを煎じて飲んだといいます」

おとなしく絵踏みをして難を逃れ、踏んだわらじを煎じて飲むなど、役人の一枚上手をいくようだ。

﨑津では、おとなしく絵踏みをしたあと、家に戻ってから祈りを唱えて神の許しを得たといわれている。絵踏みを拒んで捕らえられて殉教したという話は、長崎各地で聞いたことだが、ここでの彼らの対応も生きるための選択肢の一つではなかっただろうか。圧政をさらりとかわしていくそのさまは、弱い立場の人々に備わっているしたたかな一面を見た思いだ。

島原・天草一揆の時は、天草でも激しい戦いが繰り広げられ、原城まで駆けつけた者も多かったが、大江や﨑津

大江の山下家の神棚とそこに祀られていた像。大黒様を羽根のある天使に見立てた。

右／「経消しの壺」。葬儀の際、別の部屋で祈りを唱えながらこの壺に仏式のお経を封じ込めて死者を送った。左／潜伏時のかくれ部屋（再現）。
神棚を除き、いずれも天草市立天草ロザリオ館蔵。

では一揆に参加しなかったという。だから、ここではさほどの大事にはなるまいと役人側も大目に見たということだといわれている。ここの人たちと話をしていても、おだやかでゆったりとした印象を受けるのは、昔から受け継がれた気性でもあろうか。

## 大江の山下家の信仰

ところで、﨑津や大江の集落では仏教、神道、キリスト教が混在し、当たり前のように共存していた。

「ここでは神様はみな一緒だという考え方です。だから、クリスマスをやって、除夜の鐘を打って、柏手を打って と、何でも信仰するわけです」

大江の山下家では、旧暦十月三日に家の守り神のお祭りをするのだそうだ。

「私が小さい時は、地の神様の祭りじゃっちゅうて、その時はお初穂を神仏と納戸さんにあげました。

神棚のしめ飾りはシメンコウジといって、しめ飾りの房を三三三でしとっとです（右頁写真）。普通は七五三、つまり七本、五本、三本の房を下げるのですが、ここでは三本三本三本。これは三位一体の意味だそうです。キリスト教の三位一体。父に聞いても、どうしてそうなのかよくわからんといってましたが」

キリシタンの像、納戸神のことをここでは「納戸さん」と呼び、今でもお盆、正月、家の守り神の祭の日のほか、新米ができたとか、初物ができたとかいう時にもご飯と水をお供えしている。

正月にはお寺や神社に餅を持ってお詣りに行き、二日に返礼の門札を貰い受け、玄関に魔除けとして貼ったという。

また、昭和の初め頃まで、幕末からの水方がおり、キリシタンの儀式を行なっていたという。これは先祖の供養のつもりだと山下さんはいう。

「私が物心つくぐらいまでは、水方を呼んできて座敷でなんかしよったです。儀式の時は子どもは入ることはでけんちゅうことで、こっそり節穴から覗いたんです。そしたら飯台の四隅に塩、真ん中にご神体を置いて、どこどこの誰々様とキリシタンの神様を呼びながら塩を摑んで並べていく神寄せという供養をしよったです。何といいますかまじないのような感じです」

山下さんの父親はキリシタンの神様

上／山の中腹にある﨑津諏訪神社からは、鳥居越しに﨑津教会が見える。右／﨑津の山下さんの漁船に祀られたカトリックの祭壇。

﨑津教会。

を「古《ふる》キリシタン」と呼んでいたというが、その儀式などもいつかやらなくなり、自然消滅した。

## 「何処へ詣るときも、あんめんりゆすと唱え申し候」

﨑津の潜伏キリシタンたちは、長老格の水方を中心に、夜中に集まって祈りを唱える儀式を行なうほか、お盆に魚を供えたり、クリスマスには牛をつぶして牛肉を供えたり、デウス様を漁の神様として祀ったりしたという。このような行為が露見して天草崩れにつながったのだ。

一方で一六四七（正保四）年に建てられた村の鎮守・﨑津諏訪神社や、漁師の守り神である金刀比羅宮も大切にされてきた。そして神社でもお墓でもどこに詣る時でも「あんめんりゆす（アーメン、デウスのこと）」と声に出して三回唱えたという。﨑津から山側に入った今富の集落では声に出さず心の中で唱えたというから、﨑津はより開放的で、潜伏してキリシタンの信仰を秘かに守り続けるという閉鎖的な感覚はないと、このあたりの信仰の歴史を調べている平田豊弘さんはそう話してくれた。

このように、異なった宗教が自然に共存する有様は、﨑津の墓地などにも見られる。通例は教会の墓地として信徒たちでまとまっているのだが、ここでは江戸時代からの集落の墓所で仏教もキリスト教も混在している。それが当たり前で違和感はないという。そして仏教徒と同様、月命日もある。

山下富士夫さん。

「命日というその辺の考え方は一緒です。カトリック信者として仏教徒と何か線引きしているかといえば、全然ないとです。なんのこだわりもなかですね」

と﨑津の山下富士夫さんはいう。

## 静かな湾に臨む﨑津教会

﨑津ではカトリックへの復帰は比較的スムーズに進んだという。かつてルイス・デ・アルメイダの指導のもとに作られたコンフラリア（信心会）という信徒の組織がしっかりと集落の信仰を守り、潜伏期もまとまりが強かったのではないかと考えられている。

アルメイダが一五六九（永禄十二）年に建てた教会の場所は不明だが、明治の最初の木造の教会は、現在の教会より少し内に入った諏訪神社の下のあたりにあった。

　その教会が老朽化したため、一九三四（昭和九）年に、当時の主任司祭ハルブ神父が江戸時代にキリシタンの取り締まりを行なっていた元庄屋の土地を購入して建てたのが現在の教会だという。そしてまさに絵踏みが行なわれていた場所に祭壇が置かれている。

　この教会は鉄川与助の設計・施工による木造（一部鉄筋コンクリート造り）建築で、内部は板張りに畳敷きという珍しい形だ。現在は椅子が置かれているが、元々は畳に正座でミサを受けたのだそうだ。

　﨑津にはキリシタンの遺物がいくつも残されているというが、信仰の記憶の類いは伝わっていない。カトリックに復帰する際、潜伏時代の信仰は間違っていたということで修正せざるをえなかった。そのためか、先祖が守り続けていた潜伏時代の信仰の有り様は伝承されなかったということだろうか。信仰に一途な思い切りのよさだ。

　﨑津も過去に多宗教が混在して信仰されていた地であるが、昭和五年生まれの山下さんが子どもの頃は、唯一の神を信じるカトリック信徒としては「他所の神様はおがんではだめ」と厳しくいわれ、お宮掃除や村祭などへの参加もしづらかったそうだ。

「昔は厳しかったですね。鯉のぼりもあげられんかったです。鯉のぼりなんかは宗教行事じゃなかかとですけん、いまならばおかしかと思うばってん」

　と前信徒代表の海付親治《ちかはる》さんもいう。教会から何かいわれることはなかったとはいうが、親たちから厳しく教え込まれてきた。しかし、時代と共にその厳しさはなくなった一方で、若い人が教会から離れてきていると心を痛めている。何も﨑津にかぎらず、神仏や先祖を敬うという信心深さが薄れてきていることはどこでも見かけることではあるが。

　﨑津教会の内部は信仰の場ということで撮影は遠慮してくださいとのこと。

「写真ぐらいとってもよかやろと思われるかもしれんけど、ここには聖体がありますから。ほら、赤いランプがついとるでしょ。これは神様がおられますという印です。だから遠慮してくださいということです。理屈じゃなかです」

　そう説明してくれたのは海付さんだ。

　観光客が増えることによって信仰の妨げにならないかという懸念もある。しかし山下さんには、教会を知ってもらうことで、カトリックの信徒が増えることにつながらないかとの思いもあった。海付さんも同様に揺れ動く心境を話してくれた。

「天草は殉教の島じゃなかですか。命をかけて守ってきた信仰が、今は世界遺産とかでもてはやされていますが、それがいつまで続くのか。自分たちも苦労して信仰を守ってきたぞと、子どもたちにも伝えていこうと思っとります」

﨑津から車で30分ほどの山中にある「根引きの子部屋」は、明治初期に﨑津や大江で再布教に努めたフェリエ神父によって作られた孤児院の跡。1960年頃に当時の井戸が発見されて場所が明らかになり、神父や信徒の手で整備が進められた。現在は山頂付近に十字架が建てられ、そこへ登る道脇には十字架の道行を刻んだモニュメントが置かれている。

花火で浮かび上がる雨の﨑津教会。

正月飾り、幸木と臼飾り。

# 今富の正月飾り

右上／幸木にぶら下げる縄飾りの本数は、その家が不幸にみまわれていない年数をあらわしている。
左上／臼の下に備えるお膳。
左下／幸木を作る川嶋富登喜さんと甥の川田富博さん。

崎津の町から川沿いに入っていった今富は、ほとんどの住民がかくれキリシタンだったという集落だ。祖父の代から神道に入りながらも、昭和初期まで続けていたというかくれキリシタンの儀式を、川嶋富登喜《ふとき》さんは記憶していた。

「わしが学校に行く頃までは、ここにも水方さんがおらしたです。昭和十年が一年生でした。クリスマスの日にはそん人がお経（オラショか？）をあげに来よらしたですよ。親がお経あげんばならんから、というので私が呼びに行きよったです。そして衣替えといって、鏡に巻いていた白紙を新しか白紙に巻き替えよったです。お経は太か声でなんかグルグルいうごとでぜんぜんわからんかったです」

かくれの信仰を継ぐようにとは親からいわれなかったのだろうか。

「そないなことはいわれなかったばってん、キリシタンじゃて仏壇に線香は焚くなと、こういわれました」

川嶋家に伝来したマリア像や魔鏡などキリシタンの遺物は天草市有明町にあるサンタマリア館（閉館）に預けられているが、正月飾りだけは毎年欠かさず続けている。

農家の正月飾りである幸木（さいわいぎ、さわぎ）は今富の方言で「しゃーわくどん」。昔は土間の米俵の上に飾ったそうだ。

「農家ではみんなしよったです。こん飾りはかくれじゃなくても飾るわけですが、かくれのは臼の下に秘密がある。臼を伏せて飾ったあとに、こうして供え物をしよったです。そして杵ばこうして十字に組んで」

十二月の二十五日以降に作って、正月七日まで飾るのだそうだ。上には橙、昆布にスルメ、大根と人参、のこぎりや鎌などの農具などを飾る。下げている縄はその家に不幸が出るまで増やして行くのだそうだ。そして臼の下にはマリア様へのお膳を供える。

今は川嶋さんの甥の川田富博さんも一緒に、この伝統的な行事を途絶えさせてはいけないとの思いで続けている。

V

# 祈りの場、教会堂へ

「天主堂」の名を掲げたフランス寺（大浦天主堂）は、潜伏していたキリシタンたちから、驚きと喜びをもって迎えられた。一転してそれは悲劇へと向かっていくが、浦上をはじめ各地で繰り広げられた弾圧は各国の非難の的となり、ついに禁教令の高札は降ろされた。プチジャン神父たちは再布教に奔走し、カトリックに復帰した人々は自分たちの教会堂を熱望した。各地で一つ、一つと教会堂が建てられていく。祈りの場は自らの資金や労働力を奉仕して造り上げたものであり、そこには二百五十年来の先祖たちの思いが受け継がれている。各地の祈りの場、教会堂を紹介する。

ミサの風景。外海の黒崎教会にて。

外海

# 黒崎教会堂《くろさききょうかいどう》

出津《しつ》教区から独立した黒崎小教区の信徒たちの願いでド・ロ神父が設計したが建設が中断し、神父の没後に着工。計画から二十三年を経てようやく一九二〇（大正九）年に完成した。父親が初代大浦天主堂にかかわった地元の大工が施工し、煉瓦を一つ一つ積み上げていった信徒たちの奉仕により建造された。

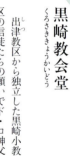

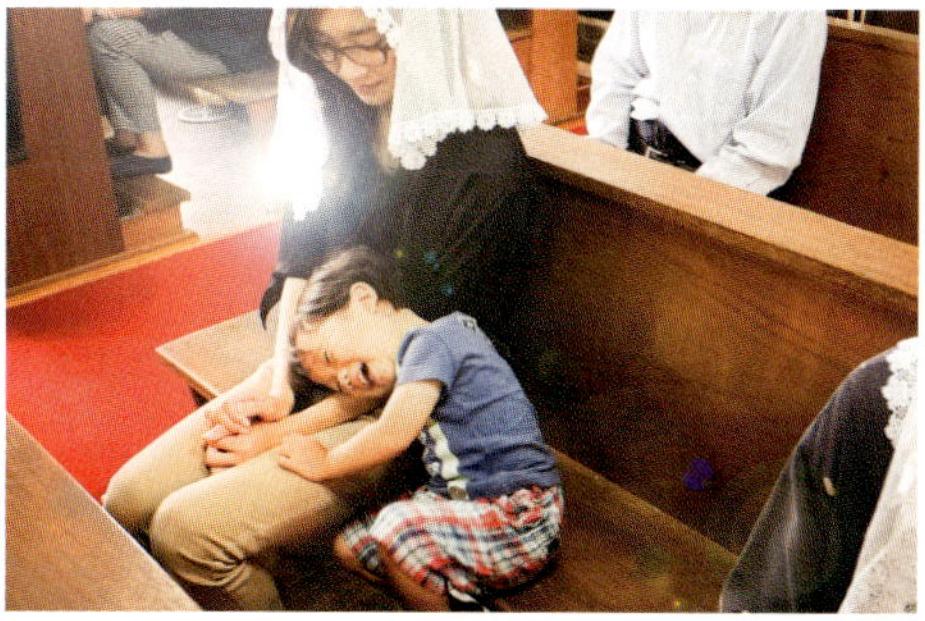

祈る人々。捧げられた祈りは一つの光の玉になって、お御堂内を輝かせる……。祈りが加わって教会が完成する……。そんな印象をもった。

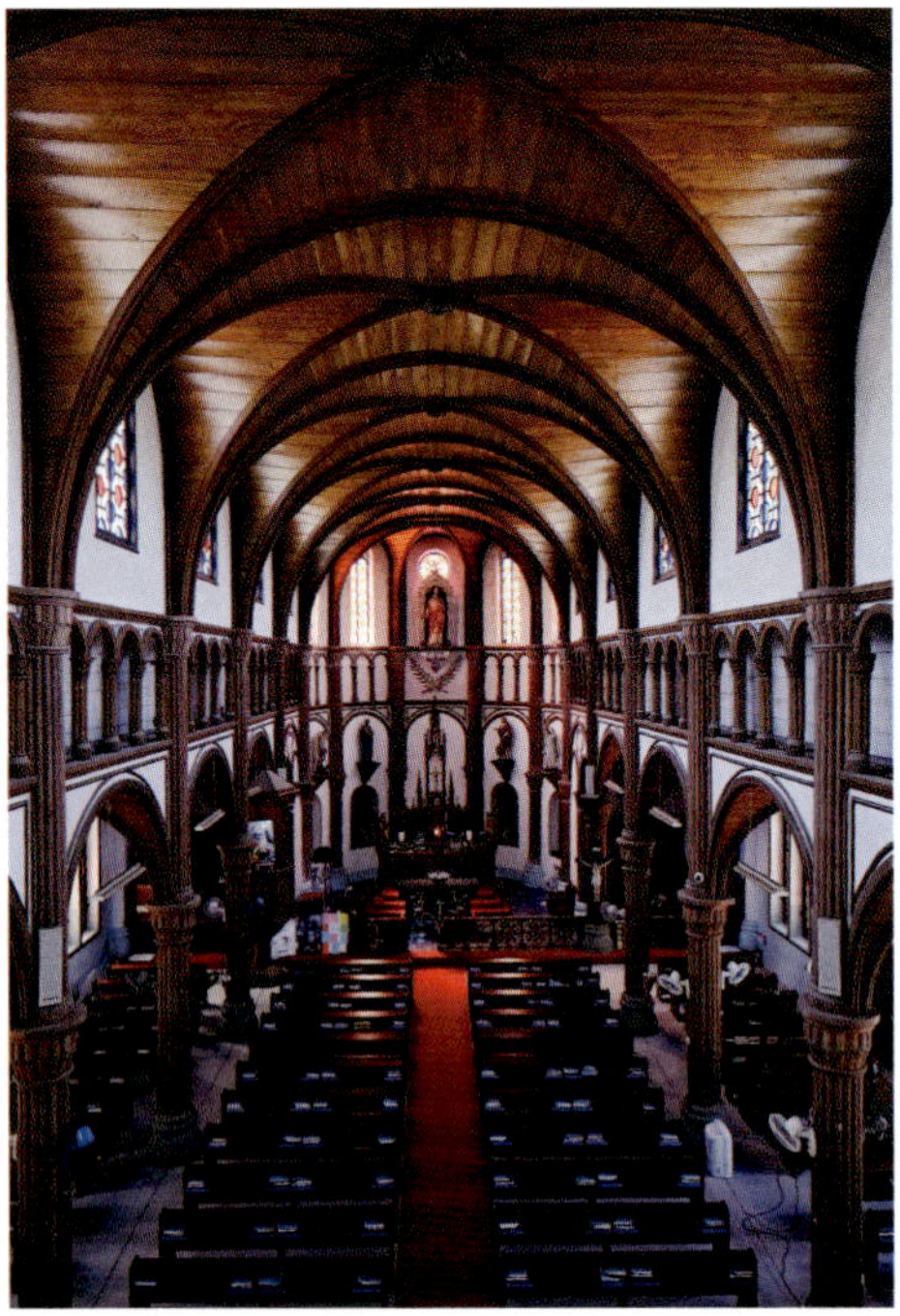

上右／重厚で厳かな天主堂内部。
上左／祭壇脇の天使像。
下右／煉瓦造りの外観。
下中／木目が手描きされた天井。
下左／有田焼の陶板が貼られた内陣の床。

佐世保・黒島

# 黒島天主堂《くろしまてんしゅどう》

黒島は、佐世保の九十九島の一つ。各地から多くの潜伏キリシタンが弾圧を逃れて移住した地で、「信徒発見」の二ヶ月後に二十人もの人が大浦で洗礼を受けている。その後、禁教が解かれると、島内のキリシタン全員がカトリックに復帰し、現在も八割がカトリック信徒だという。

現在の教会は、一八九七（明治三十）年にマルマン神父が自ら設計し着工、五年の歳月をかけて完成した。

煉瓦造りの堂々とした外観、ステンドグラスやバラ窓から光の差し込む三廊式の重厚な空間は、完成された教会建築としてその後のお手本とも目されたようだが、信徒たちの献身的な奉仕の結果でもある。資金難を乗り越えるため、天井やドアの一部は一枚一枚手描きで木目をつけ、煉瓦や資材は浜から信徒たち自らが運び上げた。また、祭壇のある内陣の床には有田焼の陶板が貼られている。重要文化財。

祭壇脇のキリストの磔刑像。絶命する直前だろうか遠くを見やる眼差しとその表情には、疲労だけでなく充足感さえ感じられる。均整のとれた骨格にまだ張りのある筋肉が生々しく、それだけに痛々しさが際立ってくる御像。

五島・久賀島

## 旧五輪教会堂《きゅうごりんきょうかいどう》

福江島の北に位置する久賀《ひさか》島《じま》にも外海からの入植者が潜伏キリシタンの集落を作っていた。牢屋の窄《さこ》で知られる「五島崩れ」の発端となった島である。

　旧五輪教会堂は、一九三一（昭和六）年に同島の浜脇《はまわき》教会の建て直しに際して、五輪地区の信徒たちの要望で移築されたもの。信徒たちが解体し、船で材を運んだという。

　一八八一（明治十四）年に地元の大工によって建てられたという教会堂は、木造平屋の日本的な雰囲気をたたえているが、内部は板張りのリブヴォールト天井（こうもり天井）でゴシック様式を踏襲している。重要文化財。

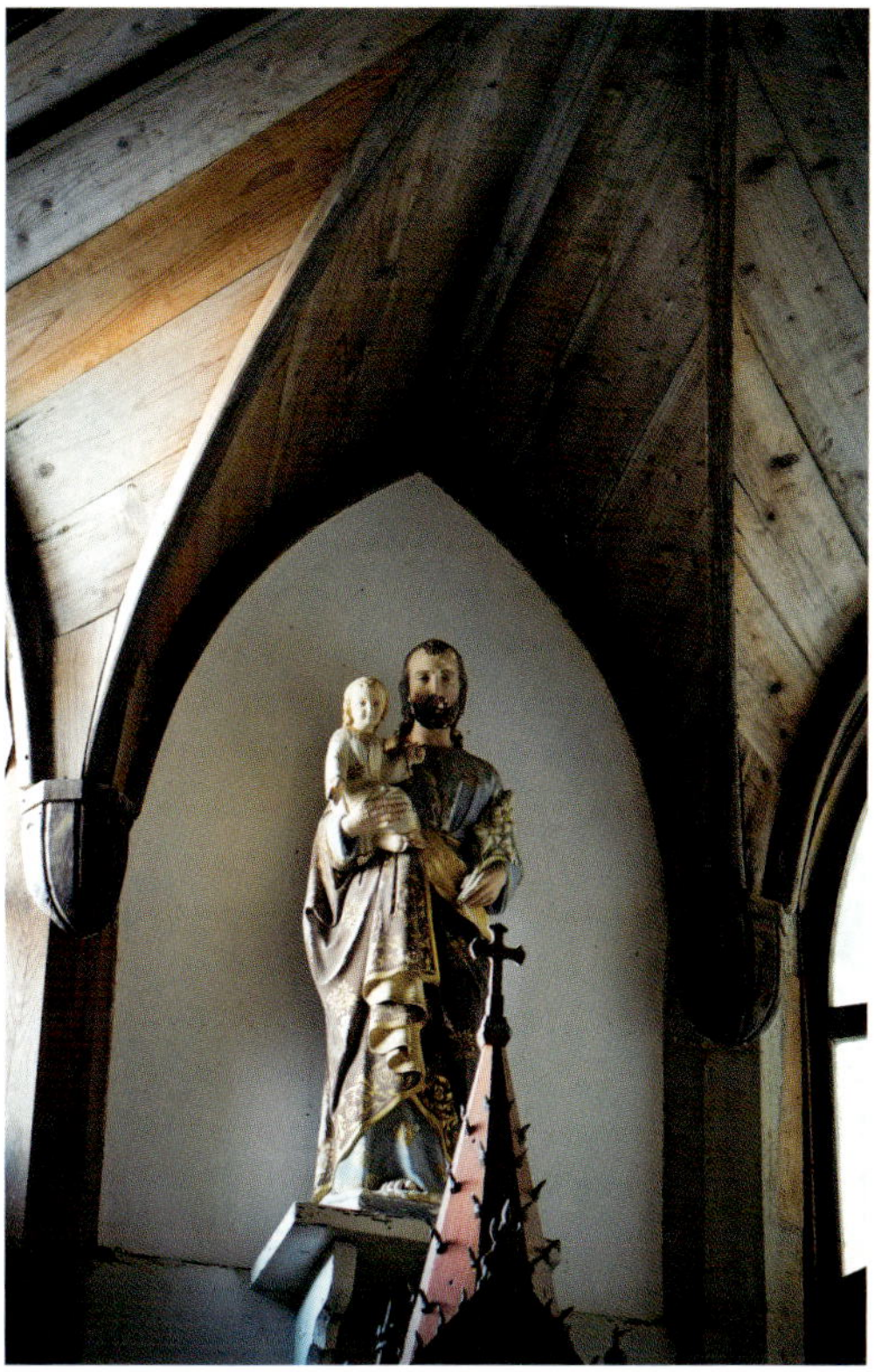

教会での撮影は明るいイメージと暗いイメージが心に湧いてくるから不思議だ。教会を夢みても得られなかった潜伏キリシタンの人々の思いが染み付いているせいかもしれない。心の赴くままにシャッターを切る。

[右頁] 上右／マリア像。上左／神の所在を示すランプ。下2点／アーチ型の窓。IHS(イエズス会) のシンボルが施された内陣の柵。
[左頁] 上右／平屋の屋根に立てられた十字架。上左／幼子イエスを抱くヨゼフ像。下右／教会堂内部。下左／入江に佇む旧五輪教会堂。

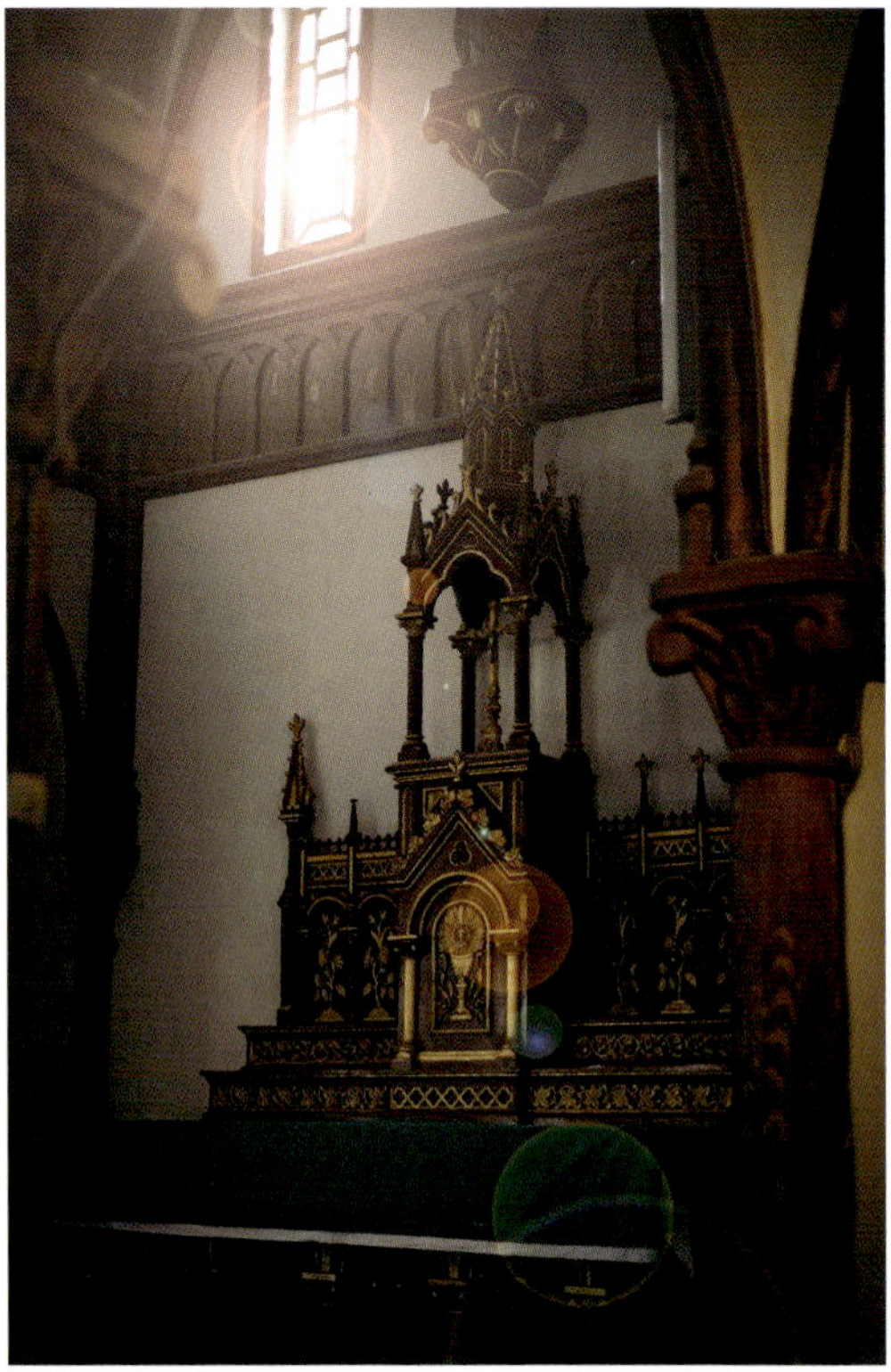

上右／祭壇。下右／マリア像。上左／うねる木々の間に可愛らしい天主堂が見える。
［左頁］下右／内部に掛けられた聖画「十字架の道行」。下中／窓ガラスの花の絵は、ステンドグラスの代わりにと、信徒らによって手描きされたもの。下左／昔ながらの日本家屋の床束を採用。木材は五島産の椿が使われている。

五島・奈留島

## 江上天主堂《えがみてんしゅどう》

奈留《なる》島《しま》の西部、外海から移住した四家族に始まる江上集落では、一八八一（明治十四）年に全員がカトリックに復帰。その後信徒も増え、一九一八（大正七）年に現在の天主堂が建てられた。

四十〜五十戸の信徒たちがキビナゴ漁などで資金を貯め、自分たちで山を造成した。設計・施工は鉄川与助。柱の木目や窓ガラスの花の絵などは信徒の手描きになる。

静かな森に囲まれるように建つ、木造下見板張りのたたずまいが美しい。湿気を防ぐために、床組は日本式の床束《ゆかづか》を使用している。重要文化財。

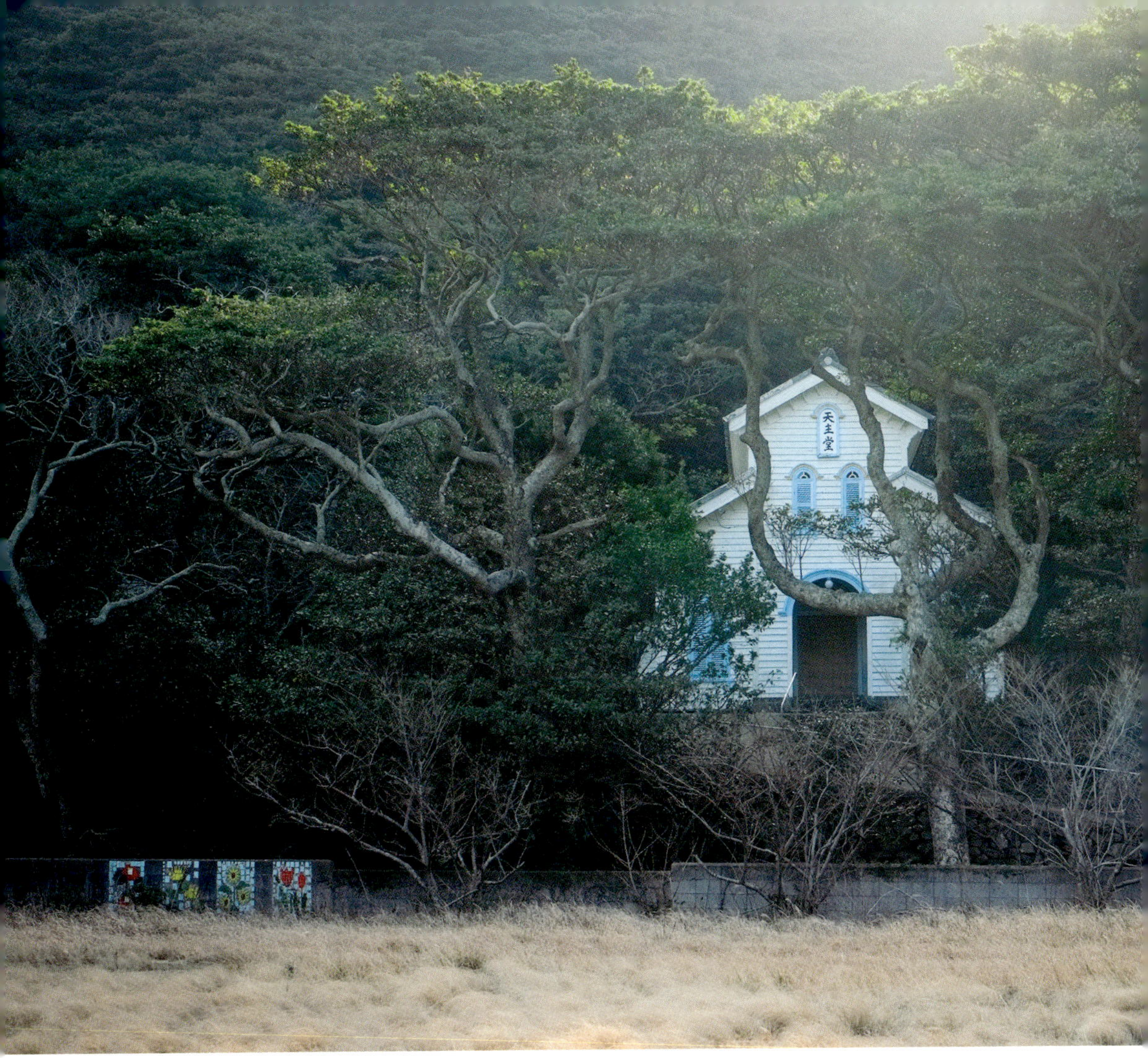
天主堂

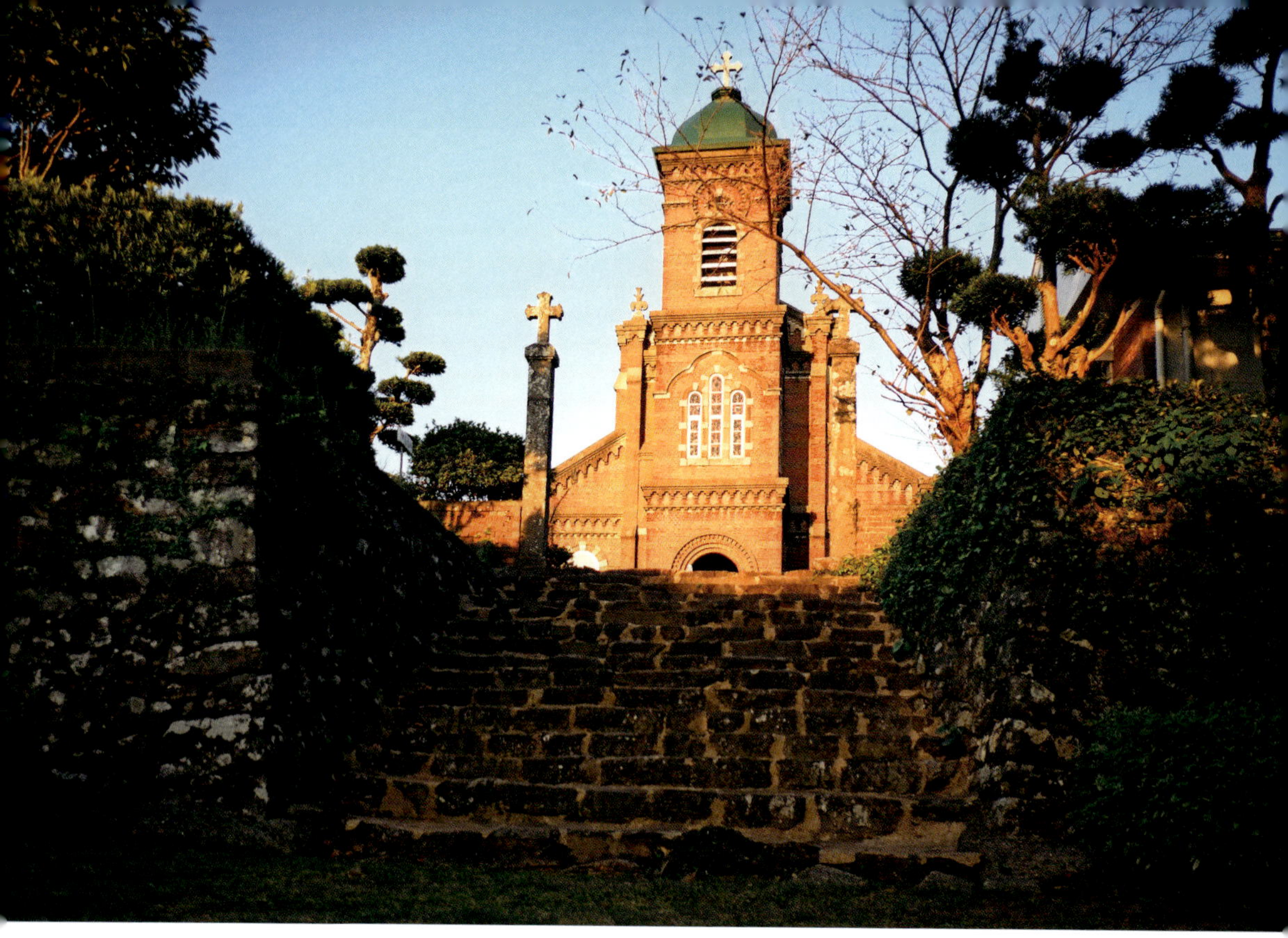

上／日本的な石垣の奥にそびえる田平天主堂。下右／天主堂内部。かつてはミサに参加する信徒が側廊2階のギャラリーにまで溢れたという。

平戸

## 田平天主堂《たびらてんしゅどう》

平戸島の対岸、平戸瀬戸を見下ろす高台にある田平の集落は、黒島天主堂のラゲ神父、出津教会のド・ロ神父が、増加した信徒たちのためにこの土地を購入し、移住開拓させたことに始まる。

信徒たちは本格的な教会堂の建設を願い、資金を積み立て、募金を集め、ついにフランス人の篤志家からの寄付も得て、建設に着手することができた。

設計・施工は鉄川与助。信徒たちは、瀬戸の海岸から煉瓦を運び上げ、貝殻を焼いて煉瓦を継ぐ目地用の石灰を作るなど、自ら労働奉仕し、一九一八（大正七）年にようやく完成した。

上／天主堂脇の墓地。中／堂々とした外観。正面の鐘塔で時を告げるアンジェラスの鐘は1931年にフランスから運ばれたもの。下右／ルルドの聖母。下左／教会堂建設時に信徒らが石灰を作った貝殻焼き場の跡なども残されている。

煤で色付けされた黒煉瓦を配したイギリス式の積み煉瓦が特色で、鉄川が手がけた最後の煉瓦造りの教会堂として、高い評価を得ている。重要文化財。

平戸

# 宝亀教会堂《ほうききょうかいどう》

平戸島の東岸、漁港を見下ろす高台に建つ教会堂。この地域にも外海から潜伏キリシタンが移住してきている。現在は集落の半分ほどがカトリック信徒だという。

教会堂は一八九八（明治三十一）年竣工。赤と白に着色されたモルタル仕上げの正面は、風景の中でひときわ目を引く。側面に柱廊が設けられているのが特徴的で、南国的な開放感を与えている。一部煉瓦が使われているが、木造切妻造り。

上／聖体ランプとステンドグラス。中右／開放的な側面の柱廊。中左／赤と白が印象的な正面。下／内部は左右の柱廊から自然光が差し込む。左頁／入江の小さな漁港からは、緑の丘に建つ宝亀教会堂が見える。

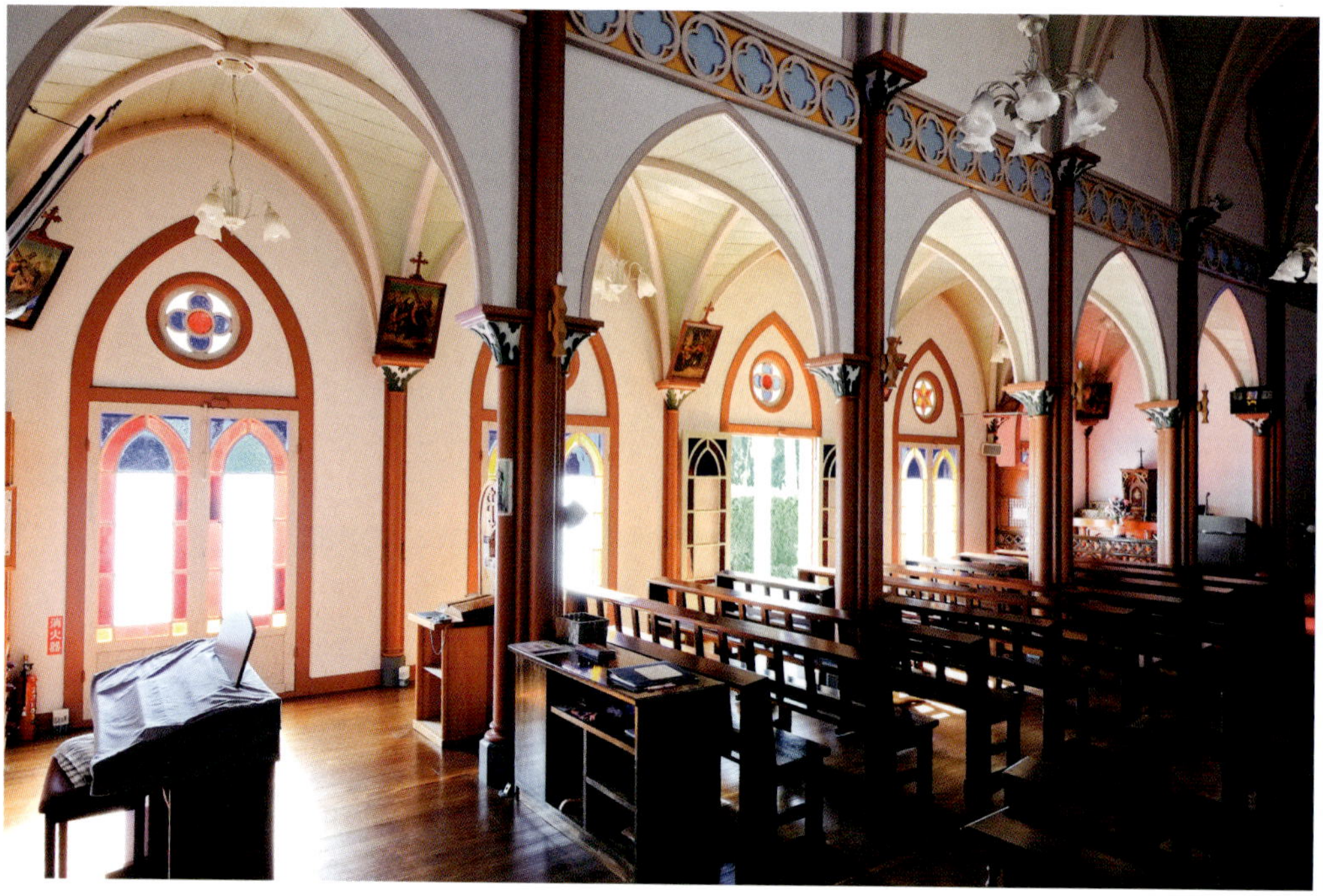

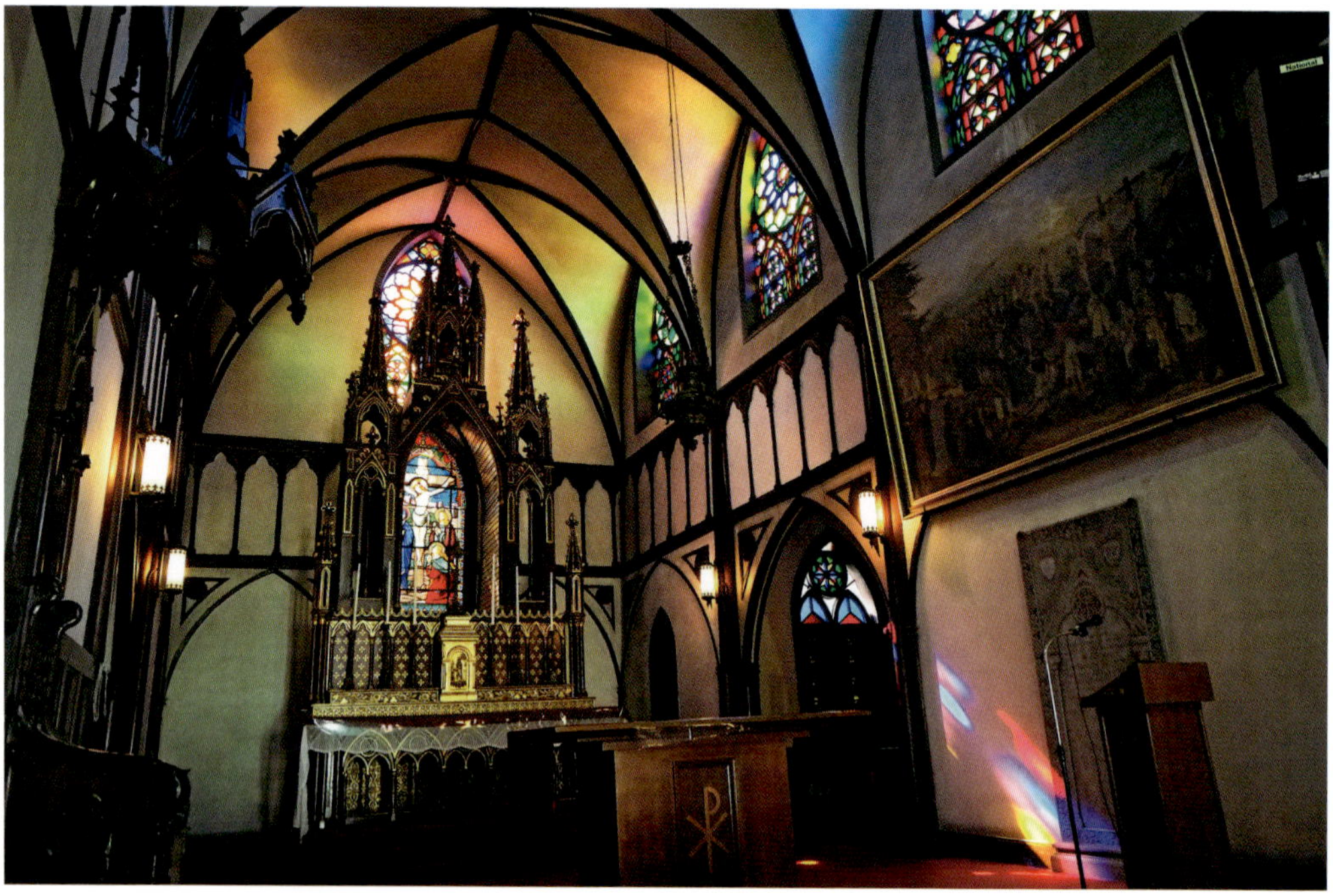

上／ステンドグラスの光が差し込む祭壇。内部の造りは、材の良さや細工の精巧さなどが見事。中右／旧羅典神学校と大浦天主堂の塔を望む。中左／旧長崎大司教館正面。下右／旧羅典神学校の内部。

長崎

## 大浦天主堂《おおうらてんしゅどう》

大浦天主堂は一八六二（文久二）年にローマで列聖された二十六聖人に捧げられ、殉教地である西坂へ向かって建てられている。一八六四（元治元）年の竣工。

設計はフューレ神父とプチジャン神父によるものだが、施工は神父たちの指導のもと、日本人大工の手によって行なわれている。

当初の天主堂は正面に三つの鐘楼がそびえるゴシック様式だったが、一八七九（明治十二）年に、手狭になった天主堂を拡張する大規模な増改築が行なわれ、現在の姿になった。内部は三廊式（改築で五廊式に）、リブヴォールト天井の美しい西洋建築は、当時の人々の驚きを誘ったに違いない。

外海で尽力したド・ロ神父は、大浦赴任時に、天主堂に隣接する羅典神学校を設計している。また晩年、鉄川与助と共に大司教館の改築にあたった。国宝。

二十六聖人が殉教した西坂の丘に向けて建てられた大浦天主堂正面には、「信徒発見」（次頁）を記念してフランスから贈られた「日本之聖母」が設置され、今でも人々を見守っている。

# 信徒発見

大浦天主堂竣工の翌年、一八六五年二月の献堂式から一ヶ月たった三月十七日のことだった。祈りを捧げているプチジャン神父に近づいて「あなたと同じ心だ」と話しかける女性がいた。そしてマリア像の場所を尋ねてくる。神父は「サンタ・マリア」という言葉に、昔のキリシタンの子孫だと確信したという。

まさにプチジャン神父が「信徒発見」をした瞬間である。潜伏キリシタンたちにとっては、七代待ち続けたパードレ（神父）との出会いだった。この信仰を告白した浦上の女性キリシタンは、おそらく興奮も覚めやらぬままに家に戻ったことだろう。

これを機に、浦上の潜伏キリシタンたちは、それまで表向きに行なっていた仏式の葬式を拒み、自分たちの信仰を表明する。しかし一八六七（慶応三）年、キリシタンたちはついに捕らえられ、各地に流罪となった。その数三千四百人。この「浦上四番崩れ」で、六百人あまりが命を落としたという。浦上の人々はこの流罪のことを、「旅」と呼んでいる。

大浦天主堂で「信徒発見」につながったマリア像。

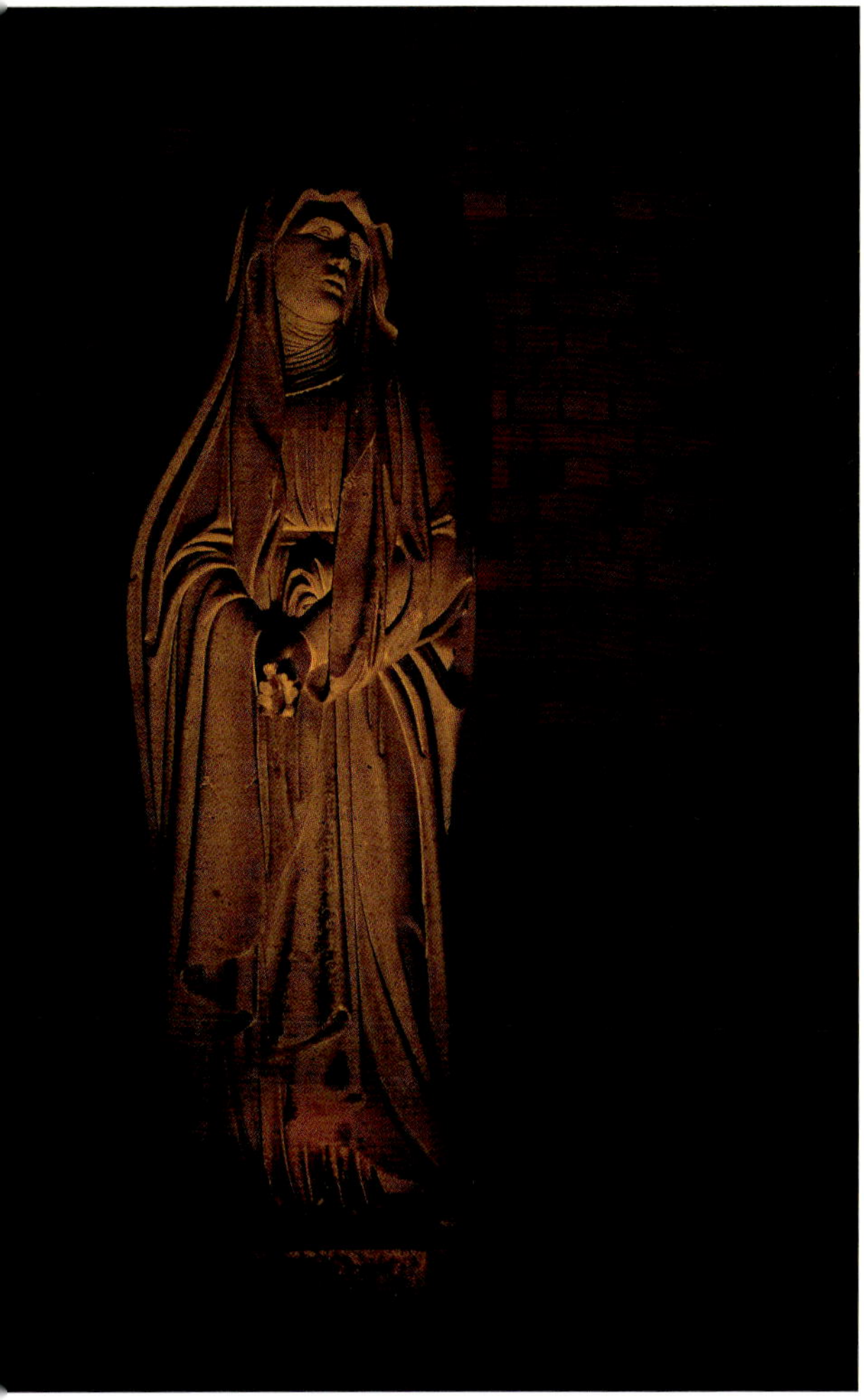

左／被爆した悲しみの聖母像。
右上／浦上の信徒たちが眠る墓地から浦上天主堂を望む。右下／修学旅行生でにぎわう浦上天主堂。

長崎

## 浦上天主堂《うらかみてんしゅどう》

浦上四番崩れで流罪になった信徒たちは、その後帰村し、かつて絵踏みの行なわれていた庄屋の屋敷跡に作った仮の教会を祈りの場としていた。その後資金難を乗り越えてようやく一九二五（大正十四）年に完成した浦上天主堂は、東洋一と称えられたが原爆によって壊滅。現在の教会堂もこの受難の場所に建立された。正面の両袖には崩壊を免れた悲しみの聖母像と使徒聖ヨハネ像が安置されている。

教会堂を望む場所には、浦上信徒の墓地がいくつかある。

旧出津救助院。出津教会堂から少し下ったところにあり、旧鰯網工場（現在はド・ロ神父記念館）と隣接する。この一帯は出津文化村と呼ばれている。

上／高台の中腹に建てられた出津教会堂。下右／教会堂の背面と司祭館へ向かう階段。下中／低層の平屋で建てられた教会堂内部。

外海

## 出津教会堂《しつきょうかいどう》

一八七九（明治十二）年、ド・ロ神父は外海地方の主任司祭として出津に赴任。人々の生活の困窮に手を差し伸べるため、故国に戻ることもなく生涯をこの地に捧げた。

ド・ロ神父は、まず信仰の拠点づくりを始め、一八八二（明治十五）年には周囲を見晴るかす斜面の中ほどに出津教会を完成させた。厳しい海風に耐えられるよう、低層の木造平屋。材の調達などにも神父自らが出向いたという。

翌一八八三年に出津救助院を創設。女性たちの自立を支援するため、日本初のマカロニ製造工場、西洋の技術による織物工場など、様々な授産事業を行なった。神父のアイデアにより落花生の油を使った素麺は、現在復活して「ド・ロさまそうめん」として今でも愛されている

その後、漁業の振興のための鰯網工場（のちに保育所として使用。現在ド・ロ神父記念館）の建設や原野からの農地開墾など、その活動は多岐にわたっている。重要文化財。

出津、大野から少し離れた山中にある大平（おおだいら）作業場跡。ド・ロ神父が開墾して開いた農園の近くに作られた作業所の跡だ。農園では神父の故国フランスから取り寄せた種子などを用い、珍しい作物も栽培していたという。

上／集落の中にひっそりと佇む大野教会堂。
右下／大野教会堂の壁はド・ロ壁と呼ばれ、旧出津救助院や大平作業場跡にも見られる。ド・ロ神父は、外海地域に特徴的な自然石を利用した石積みを改良し、風雨にも耐える強固なものとした。

外海

## 大野教会堂《おおのきょうかいどう》

一八九三（明治二十六）年、ド・ロ神父によって大野の二十六戸の信徒のために建設された教会堂。大野の集落はカトリックに復帰しなかったかくれキリシタンの人たちが多くいる地域だった。

木骨の小屋組にド・ロ壁の教会堂は、風景に溶け込むようにひっそりと佇んでいる。

ド・ロ神父は土木、建築、工業、医療、農業など幅広い分野の知識を基に、多彩な事業を行なって地域の福祉活動や慈善事業に尽力し、地元の人たちからドロ様と慕われていた。一九一四（大正三）年、その生涯を閉じ、遺体は自らが造成した出津の野道共同墓地に埋葬された。重要文化財。

右／均整のとれた美しい教会堂内部。左上／煉瓦に石の装飾が映える正面。左下／ミサに訪れた信徒たち。

上五島・中通島

## 青砂ヶ浦天主堂《あおさがうらてんしゅどう》

中通島の奈摩《なま》湾を見下ろすように建つ教会堂。煉瓦の壁に石で縁取るような装飾が美しい。鉄川与助が旧野首教会堂の次に手がけた煉瓦造り二作目となるもの。

優れた細部の意匠、均整のとれた構造など、外観、内部共に教会建築としての評価も高い。正面入り口の石造りのアーチやバラ窓などには、頭ヶ島の良質な五島石が使われている。煉瓦や石材、木材などの資材を、海岸から背負って運んだ信徒たちの労働奉仕もあって、一九一〇（明治四十三）年に完成した。重要文化財。

上／頭ヶ島天主堂とその集落を遠望する。中右2点・下右／白い壁・天井にグレーの梁、随所に椿などの花の装飾が施された華やかな内部。中左／厚さ30cmもの砂岩で組まれた重厚な外観。

上五島・頭ヶ島

## 頭ヶ島天主堂《かしらがしまてんしゅどう》

幕末までは無人島だった頭ヶ島へ、鯛ノ浦の潜伏キリシタンが移住。上五島のキリシタンの指導者であった森松次郎が熱心に布教活動を行なっていたが、五島崩れの時には島民はみな脱出し、その後島へ戻ってきた。

日本では珍しい石造りの教会堂は、鉄川与助の設計・施工により一九一〇（明治四十三）年着工。資金難で一時中断したが、一九一九（大正八）年に完成。工事には信徒たちが力を尽くし、地元の石を切り出して船で運び、一つ一つ積み上げていった。一日にせいぜい二つか三つしか運ぶことができない重労働だったという。

内部は折り上げ天井に花の装飾が随所に施された華やかな印象で、外観の重々しさと対照的だ。愛称「花の御堂」。重要文化財。

上五島・中通島

## 中ノ浦教会堂《なかのうらきょうかいどう》

中通島にある小さな入江。ここは寛政年間に外海の黒崎から入植した潜伏キリシタンの集落だった。一九二五（大正十四）年に建てられた木造建築で、鐘楼はのちの増築。久賀島にあった鉄川与助設計の細石《さざれ》流教会（廃堂）を手本にしているという。内部は三廊式で、細めの柱に支えられた折り上げ天井に椿の花の装飾が印象深い。五島のシンボルである椿の花を、四弁にして十字架を表したといわれている。水面に映る姿が美しい。

五島・福江島

## 水ノ浦教会堂《みずのうらきょうかいどう》

外海からの移住で始まった集落。明治初めの迫害に遭うが、禁教の高札が撤去されると、いち早く一八八〇（明治十三）年に水ノ浦湾を望む丘に木造の教会堂を建立。老朽化のため鉄川与助に依頼し、一九三八（昭和十三）年に現在の教会堂が完成した。国内の木造教会堂としては最大規模を誇る。白亜の外観に呼応するように、内部も白を基調とした優美な造りとなっている。

上五島・中通島

## 福見教会堂《ふくみきょうかいどう》

福見は外海からの移住によって始まった集落。明治初めの迫害で脱出したが、のちに帰村し集落を立て直した。一八八二（明治十五）年に初代の教会堂が建てられたが二年後に台風で倒壊。現教会堂は一九一三（大正二）年に建立された。煉瓦造りには珍しく、内部は折り上げ天井。風雨での傷みが激しく、度々増改築されている。海風を考慮したためか、小高い斜面に五島灘を背にして建っている。

五島・福江島

## 堂崎教会堂《どうざききょうかいどう》

福江島の堂崎では、禁教の高札が降ろされると、いち早く神父を呼んで野外ミサやクリスマスを祝ったという。その後、五島での再布教の拠点となった。現教会堂は、一九〇八（明治四十一）年にペルー神父によって建立。赤煉瓦造りのゴシック様式で、船で渡ってくる信徒のために海に向かって建てられている。施工には若き鉄川与助が加わった。現在は、資料館としてキリシタン関連の資料が展示されているが、月に一度ミサが行なわれている。

上五島・中通島

## 大曾教会堂《おおそきょうかいどう》

外海の潜伏キリシタンが移住した地で、地区住民全員がカトリック信徒。港を見下ろす位置に建てられた教会堂は、鉄川与助の設計・施工で一九一六（大正五）年竣工。存在感のある鐘楼を正面に備えた、重厚な煉瓦造り。リブヴォールト天井に漆喰壁の内部は、完成度の高い空間となっている。

上五島・中通島

## 冷水教会堂《ひやみずきょうかいどう》

中通島の奈摩湾を挟み、青砂ヶ浦天主堂と向かい合う場所にある。鉄川与助により一九〇七（明治四十）年に完成。この近くの丸尾郷の出で、自らは仏教徒であった鉄川が、フランス人神父に教会建築の技術を学び、設計・施工を手がけた最初の木造教会堂。

上五島・中通島

## 旧鯛ノ浦教会堂《きゅうたいのうらきょうかいどう》

外海の出津の潜伏キリシタンが入植した地で、五島崩れの際に厳しい迫害があったという。一八八〇（明治十三）年、大浦から派遣されたブレル神父が子どものための養育院を作り、その翌年に初代の教会堂を建立。この旧教会堂は一九〇三（明治三十六）年竣工。戦後増築された鐘楼には、旧浦上天主堂の被爆した煉瓦が一部使用されている。現在は、図書館や教育の場として利用されている。

上五島・中通島

## 江袋教会堂《えぶくろきょうかいどう》

中通島北部の急峻な地に建つ。一八八二（明治十五）年完成で、五島に残る最古の木造教会堂だったが、二〇〇七年に漏電で焼損。現在の建物は復元されたもので、内部の床や柱には、焼け跡も残る。一見、民家のようだが、内部は三廊式で板張りのリブヴォールト天井。静かな祈りの空間を作り出している。

長崎

# 神ノ島教会堂《かみのしまきょうかいどう》

長崎湾の入口にある神ノ島はかつて離島で、潜伏キリシタンの島だった。この島の西兄弟は、プチジャン神父の手助けをして、キリシタンたちのカトリックへの復帰に尽力した。この教会堂は一八九七（明治三十）年にデュラン神父が私財を投じて建てたもので、長崎に現存する教会の中で四番目に古い。煉瓦造りの外壁は、現在は白く塗られ、岬のマリア像と共に行き来する船を見守っている。

長崎

# 善長谷教会堂《ぜんちょうだにきょうかいどう》

長崎市の南西部、深堀地区の城山の中腹、遥か眼下に海を望む絶景の場所に位置する。一八九五（明治二十八）年に建てられた木造の教会堂を、一九五二（昭和二十七）年に再建。教会前のタブの大木に下がる鐘はその時に設置されたもの。それ以前はホラ貝でミサを知らせていたという。この集落の先祖は、外海の東樫山から旅芸人を装って移ってきた潜伏キリシタンだった。ここに住み着いた家族は全員カトリックに改宗。かつては夕方になるとどの家からも祈りの声が聞こえたという。

五島・福江島

# 井持浦教会堂とルルド《いもちうらきょうかいどう》

初代教会堂は一八九七（明治三十）年建立のロマネスク風の煉瓦造りだったが、一九八七（昭和六十二）年の台風で倒壊、翌年改築され現在の姿になった。教会堂横のルルドの聖母は、一八九九（明治三十二）年に作られた日本最古のもの。五島全域から信徒が持ち寄った石が使われている。

# 長崎・五島・平戸・天草
# 教会マップ

＊「天主堂」は国指定文化財の名称に従いました。なお「浦上天主堂」は通名である旧名称を採用しました。
＊（　）内は本書写真掲載ページ、あるいは本地図内の写真番号です。
＊※印を付した教会は、「長崎と天草地方の潜伏キリシタン関連遺産」の構成資産およびそのエリア内の施設です。

〈訪問時の注意事項〉

＊※印の教会の見学については必ず事前連絡をしてください。詳しくは、以下インフォメーションセンターのHPをご覧ください（大浦天主堂の見学は事前連絡の必要はありません）。
http://kyoukaigun.jp
＊旧野首教会堂の見学は、「おぢかアイランドツーリズム」へご連絡ください。　電話0959-56-2646　http://ojikajima.jp/
＊※印以外でも見学に事前連絡が必要な教会堂もあります。HPで確認するなど、ご注意ください。
＊カトリック長崎大司教区内の教会堂内での写真撮影は禁止されています。
＊内部が非公開となっている教会堂もあります。
＊教会堂は信徒の方々の祈りの場です。見学のマナーを守って訪問してください。

1

2

3

4

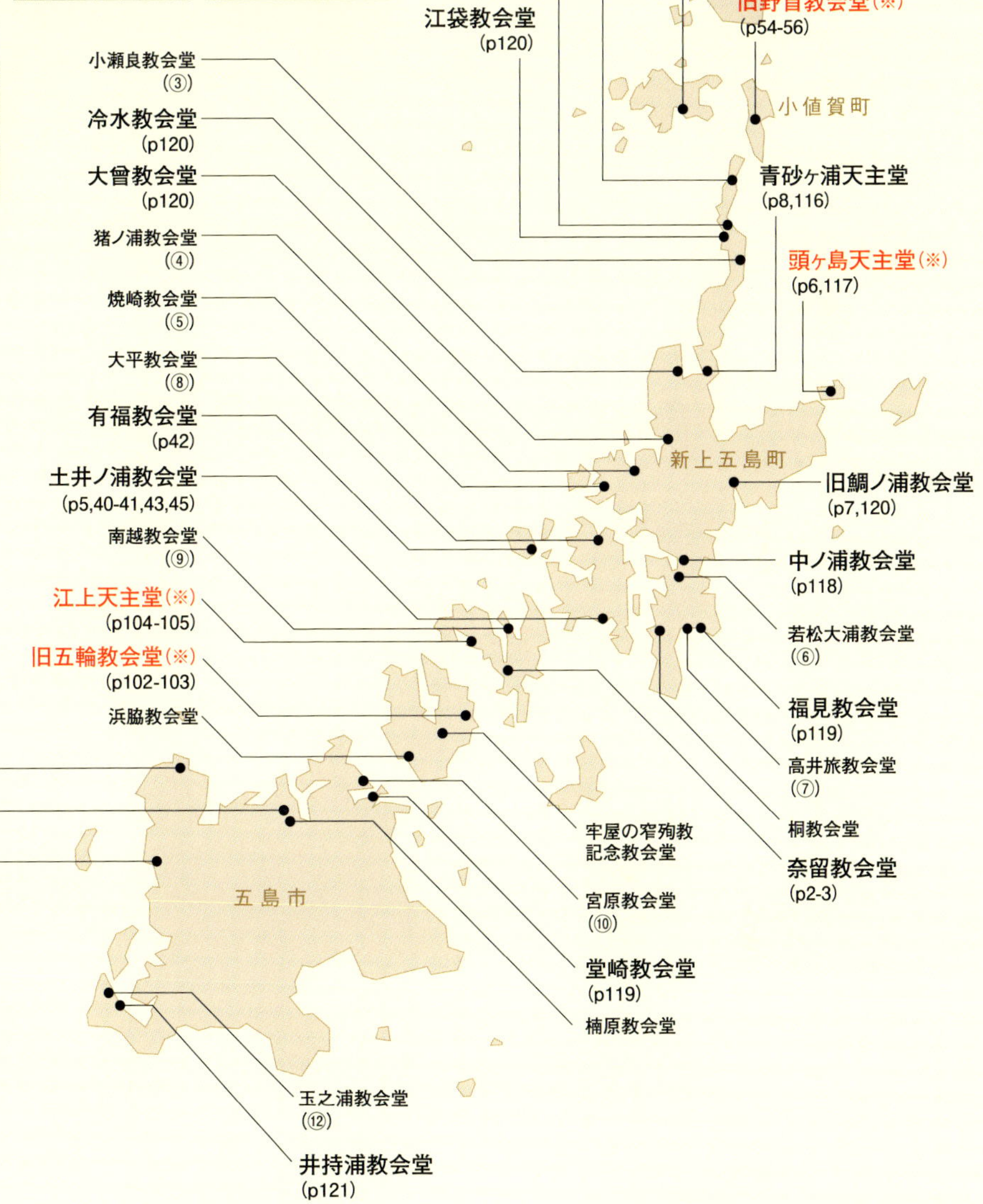
米山教会堂
(①)
小値賀教会堂
(p61)
赤波江教会堂
(②)
旧野首教会堂(※)
(p54-56)
江袋教会堂
(p120)
小値賀町
小瀬良教会堂
(③)
冷水教会堂
(p120)
大曾教会堂
(p120)
青砂ヶ浦天主堂
(p8,116)
猪ノ浦教会堂
(④)
頭ヶ島天主堂(※)
(p6,117)
焼崎教会堂
(⑤)
大平教会堂
(⑧)
有福教会堂
(p42)
新上五島町
土井ノ浦教会堂
(p5,40-41,43,45)
旧鯛ノ浦教会堂
(p7,120)
南越教会堂
(⑨)
中ノ浦教会堂
(p118)
江上天主堂(※)
(p104-105)
若松大浦教会堂
(⑥)
旧五輪教会堂(※)
(p102-103)
福見教会堂
(p119)
浜脇教会堂
高井旅教会堂
(⑦)
三井楽教会堂
水ノ浦教会堂
(p118)
牢屋の窄殉教
記念教会堂
桐教会堂
奈留教会堂
(p2-3)
貝津教会堂
(⑪)
五島市
宮原教会堂
(⑩)
堂崎教会堂
(p119)
楠原教会堂
玉之浦教会堂
(⑫)
井持浦教会堂
(p121)

5

6

7

8

9

10

日本人的だと一言で片付けられるといささか心外な面もあるのですが、私はどんな祈りの場に出かけても祈ってしまいます。人の作った祈りの場以外でもビビッと感じた風景とか、対象を絞って石とか水など、自然に向かって祈ることも多いです。祈れば清々しい気持ちになります。その気持ちは神が与えてくださったものか、自己や対象物から生じたものかについてはあまり興味がなく、ただその気持ちを写真に収めようとします。なかなか納得できるものは撮れませんが、意図的な撮影であっても、撮影時の偶然が手伝う写真にどうも良いものが多い気がします。それを私は写真の神のみわざだと信じています。最近は植物にビビッとくることが多く、よくカメラを向けています。

祈りの仕方はまちまちですが、私は無で祈ることも多いです。といっても無心と言えるほど高尚なものではなく、ただの無だけ。たぶん言葉を持たない動物たちの祈りの形態に近いのではと推測しています。それが心地よく、そうすると写真もよく撮れるのです。

## エピローグ

左の写真は長崎取材の途中にふらりと立ち寄った場所で、苦労の多かったキリシタンの方々に思いを寄せて撮ったもの。「パライソと地上界　キリシタン」なんてタイトルにしようかなと思っています。

最後にだいぶ昔の話ですが、ゴミの埋め立て地に撮影に出かけて偶然知り合った、仲の良いシスターがいます。シスターのお御堂に伺った際に、御像のないキリスト教のお御堂ではどこに狙いを定めて（というのも変ですが）祈りを捧げれば良いのかと質問をしたことがあります。そのシスターは真面目に、教会内に灯る赤いランプは神が居られる印なので、そこにしてみたらどうかとアドバイスをしてくれました。今にしてみればずいぶんと不躾なことを聞いたものだと赤面ものなのですが、今でも私はお御堂でそれを守っています。もしお御堂に訪れたときには参考になさってみてはいかがでしょう。教会は祈りの場です。隅の席にでも座らせていただいて静かにイエス様とお話しすることも良い経験になるかと思います。

奈留島の海岸。

幕府や明治政府による大弾圧によって苦しめられた浦上信徒の受難はさらに続きました。
それは一九四五年八月九日午前十一時二分、神に祝福されていると信じるキリスト教徒の多く住むアメリカが、浦上の上空で原子爆弾を炸裂させたこと……。
多くの命と共に、浦上の信徒の希望を託した鐘楼は崩れ落ちました。鐘楼の完成からわずか二十年後の出来事です。
今度こそ、穏やかに暮らせる平和な世の中が続きますよう……祈りを捧げます。

浦上天主堂の被爆マリア像（上）と崩れ落ちた鐘楼。

# 参考文献


◆かくれキリシタン、潜伏キリシタンについて

『隠れキリシタン』古野清人　至文堂　1959年

『かくれキリシタン　歴史と民俗』片岡弥吉　日本放送出版協会　1967年

『かくれ切支丹』遠藤周作　写真・アイリーン美緒子スミス　角川書店　1980年

『キリシタン伝説百話』谷真介　新潮選書　1987年

『カクレキリシタンの信仰世界』宮崎賢太郎　東京大学出版会　1996年

『かくれキリシタンの聖画』谷川健一・編　中城忠・写真　小学館　1999年

『カクレキリシタン　オラショ　魂の通奏低音』宮崎賢太郎　長崎新聞社　2001年

「かくれキリシタン信仰組織の分類とその起源について」(『現代民俗学研究』第2号)中園成生　2010年

『カクレキリシタンの実像　日本人のキリスト教理解と受容』宮崎賢太郎　吉川弘文館　2014年

『かくれキリシタンとは何か　オラショを巡る旅』中園成生　弦書房　2015年

◆キリスト教布教と弾圧の歴史

『カトリック土着　キリシタンの末裔たち』丸山孝一　日本放送出版協会　1980年

『浦上四番崩れ』片岡弥吉　ちくま文庫　1991年

『キリスト教と日本人』井上章一　講談社現代新書　2001年

『クアトロ・ラガッツィ　天正少年使節と世界帝国』若桑みどり　集英社　2003年

『旅する長崎学　キリシタン文化I～V』長崎県・企画　長崎文献社・編　長崎文献社　2006年

『宗教で読む戦国時代』神田千里　講談社選書メチエ　2010年

『潜伏キリシタン　江戸時代の禁教政策と民衆』大橋幸泰　講談社選書メチエ　2014年

『宣教師ザビエルと被差別民』沖浦和光　筑摩選書　2016年

◆外海

「キリシタン・カトリック村落黒崎の社会構造」(『社会学評論』21巻4号)牧正美　1971年

『先駆者　先祖の足跡を訪ねて』丸尾武雄・編　パスカの里史跡顕彰会　2001年

「外海観光ガイドブック」外海町役場　2004年

『トマス次兵衛神父』水口登美子　カトリック善き牧者の会心のともしび運動YBU本部　2007年

『村上茂の伝記』ムンシ ロジェ ヴァンジラ　聖母の騎士社　2012年

「枯松神社と祭礼　地域社会の宗教観をめぐって」(『人類学研究所研究論集』第1号)ムンシ ロジェ ヴァンジラ　2013年

「にこり　No.18　三重・式見」「にこり　No.20　南島原市」長崎県広報課　2013年

『隠れキリシタンと天福寺』曹洞宗天福寺

◆五島・天草

「旧野首教会」川上秀人(『長崎の教会群とキリスト教関連遺産』構成資産候補建造物調査報告書　資料編　長崎県　2011年)

『五島キリシタン史』五島市世界遺産登録推進協議会　2013年

「(2)野首集落・舟森集落(小値賀町野崎島)」中尾篤志(長崎県文化財調査報告書第210集「長崎県内の多様な集落が形成する文化的景観保存調査報告書【論考編】」長崎県　2013年)

『天草キリシタン紀行　﨑津・大江・キリシタンゆかりの地』小林健浩・編　﨑津・大江・本渡教会主任司祭・監修　弦書房　2016年

◆生月・平戸

『生月島のかくれキリシタン』平戸市生月町博物館・島の館　2000年

「長崎県生月島堺目地区のかくれキリシタン信仰―多層的信仰の事例研究」(『非文字資料研究』第12号)小泉優莉菜　2016年

生月学講座(平戸市生月町博物館・島の館HP)

平戸地方のかくれキリシタン(平戸市切支丹資料館HP)

◆教会建築、その他

『切支丹の里』遠藤周作　中公文庫　1974年

『沈黙』遠藤周作　新潮文庫　1981年

『最後の殉教者』遠藤周作　講談社文庫　1984年

『長崎游学2　長崎・天草の教会と巡礼地完全ガイド』長崎文献社・編　カトリック長崎大司教区・監修　長崎文献社　2005年

『遠藤周作と歩く「長崎巡礼」』遠藤周作　芸術新潮編集部・編　新潮社　2006年

『善長谷教会献堂六〇周年　先人達の想いを胸に』カトリック深堀教会広報委員会　2012年

『鉄川与助の教会建築』林一馬　川上秀人ほか　LIXIL出版　2012年

長崎と天草地方のキリスト教関連歴史文化遺産群ウェブサイト

など

● **協力者**（五十音順・敬称略）

飯田一夫（音楽プロデューサー）／生月島ダンジク講の方々／海付親治（前崎津教会信徒代表）／浦部知之（公益財団法人平戸市振興公社）／大崎五月（NPO法人長崎巡礼センター）／小高陽子（おぢかアイランドツーリズム）／枯松神社保存会の方々／川嶋富登喜／川田富博／黒崎教会の信徒の方々／小泉優莉菜（公益財団法人ポーラ伝統文化振興財団）／坂井好弘（かくれキリシタン帳方）・坂井鈴子／塩屋秀見（天福寺住職）／下窄忠（土井ノ浦教会信徒）／高橋渉（出津教会信徒）／瀧山直視（ネシコつんのでさるこう会）／土川幸子（小値賀教会信徒）／中園成生（平戸市生月町博物館 島の館）／平田豊弘（天草市役所観光文化部世界遺産推進室）／平田賢明（小値賀町教育委員会）／前田博嗣（おぢかアイランドツーリズム）／松川隆治（外海ボランティアガイド協会代表）／松崎義治（五島市総務企画部政策企画課）／村上茂則（黒崎地区かくれキリシタン帳方）／山崎政行（黒崎教会信徒）／山下大恵／山下富士夫（元崎津教会信徒代表）

天草市立天草ロザリオ館／おぢかアイランドツーリズム／小値賀町歴史民俗資料館／カトリック長崎大司教区／五島市教育委員会／平戸市切支丹資料館

● **企画・構成**

座右宝刊行会（後藤真樹・山本文子）

● **撮影**

後藤真樹

＊本書に掲載した写真はすべて、
カトリック長崎大司教区そのほか関係各所の
許可を得て撮影しています。

● **MAP制作**

尾黒ケンジ

● **ブックデザイン**

中村香織

● **シンボルマーク**

nakaban

＊本書はすべて書き下ろしです。

とんぼの本

かくれキリシタン
長崎《ながさき》・五島《ごとう》・平戸《ひらど》・天草《あまくさ》をめぐる旅《たび》

発行　2018年4月25日

著者　後藤真樹《ごとうまさき》
発行者　佐藤隆信
発行所　株式会社新潮社
住所　〒162-8711 東京都新宿区矢来町71
電話　編集部 03-3266-5611
　　　読者係 03-3266-5111
ホームページ　http://www.shinchosha.co.jp/tonbo/
印刷所　半七写真印刷工業株式会社
製本所　加藤製本株式会社
カバー印刷所　錦明印刷株式会社



ISBN978-4-10-602281-4 C0395